Ulrike Laubner

Katharina Brunner | Frank Lemser | Ludwig Lingg | Eduardo Lopes

Wirksame Kommunikation für Produktmanager

Marktwissen aufbauen
Fakten liefern
Teamarbeit fördern
Akzeptanz steigern

Bibliographische Information der Deutschen Nationalbibliothek:

Die deutsche Nationalbibliothek verzeichnet diese Publikation in der Deutschen Nationalbibliographie; detaillierte bibliographische Daten sind im Internet über http://dnd.d-nb.de abrufbar.

© März 2017, 2. Auflage
Herstellung und Verlag: BoD – Books on Demand, Norderstedt.
ISBN: 9783743100398

Layout: Ulrike Laubner
Grafiken: Ulrike Laubner, Eduardo Lopes, Katharina Brunner
Icon: iconmastr
Umschlaggestaltung: © Guter Punkt, München | iStock
Lektorat: Jana Wochnik-Sachtleben, Berlin

Alle Angaben und Daten wurden nach bestem Wissen, jedoch ohne Gewähr für Vollständigkeit und Richtigkeit erstellt.

Das Buch ist urheberrechtlich geschützt. Alle Rechte, auch die der Übersetzung, des Nachdrucks und der Vervielfältigung des Buches oder Teilen daraus, sind dem Verlag vorbehalten. Kein Teil des Werkes darf ohne schriftliche Genehmigung des Verlages in keinem Medium, auch nicht für die Zwecke der Unterrichtsgestaltung reproduziert werden.

Vorwort

Kommunikation wird von Unternehmen und Personalberatern als die wichtigste soziale Kompetenz der Zukunft angesehen. Eine gute Kommunikations-Kompetenz ist für Sie als Produktmanager sowohl für die Karriere als auch für ein erfolgreiches Produkt entscheidend. Doch immer noch gibt es Klagen über die Kommunikation, die an den Schnittstellen nicht gut funktioniert oder über die fehlende Akzeptanz in Unternehmen für das Produktmanagement.

Dieser einzigartige Ratgeber veranschaulicht mit Praxisbeispielen typische Kommunikations-Schwierigkeiten und zeigt Ihnen Lösungen auf. Zusätzlich können Sie direkt mit Übungen das neue Wissen trainieren. Mit der neuen Kommunikations-Kompetenz vereinfachen Sie Ihren Berufsalltag:

- Sie steigern Ihre Kommunikationsfertigkeiten.
- Sie lernen Ihre eigene Informationsweitergabe zu verbessern und Stakeholder zu überzeugen.
- Sie steigern Ihre Kompetenz, taktische Fragen zu stellen, um Markt-Knowhow aufzubauen.
- Sie bauen Wissen für kundenorientiertes Produktmanagement auf.

Ihr Unternehmen profitiert vielfach: die Geschäftsführung trifft schneller Entscheidungen, die Entwicklungsabteilung entwickelt nach echten Marktbedürfnissen, der Vertrieb verkauft leichter und die Mitarbeiter haben mehr Spass bei ihrer Arbeit.

Ich wünsche Ihnen Erfolg in der Umsetzung und die Akzeptanz der Schnittstellen, die Sie als Produktmanager verdienen.

Dankeschön

Mein Dank gilt allen Produktmanagern, die offen über Ihre Schwierigkeiten gesprochen haben und ohne die es diesen Ratgeber nicht geben würde.

Ganz besonders möchte ich Meike Diesing, Jana Sachtleben-Wochnik und Gudrun Houry für ihre Unterstützung und Engagement zur Realisierung dieses Buches danken.

Über die Autorin

Ulrike Laubner kennt den Wert, den Produktmanager für Firmen generieren können, denn sie war als Produktmanagerin und Führungskraft in international tätigen Firmen tätig. Sie weiss, wie es ist nach bestem Wissen und Gewissen, neue Produkte in den Markt zu bringen und intern auf Hürden zu stossen. Sie hat es selber erlebt. Ihre Methoden zu Kommunikationsverbesserungen überzeugen durch eine schnelle Umsetzbarkeit und Sichtbarkeit des Erfolges. Die Basis für das Wissen hat sie in vielen Firmen und Branchen gesammelt und die Methoden selber ausprobiert.

Mit ihrer Firma Corimbus ermöglicht sie es Unternehmen und Mitarbeitern, das Knowhow im Produktmanagement mit zertifizierten Ausbildungen, Workshops und Beratung auszubauen, um kundenorientierte Produkte schneller im Markt einzuführen. Ihr Ziel ist es, mit systematischem Produktmanagement und mit wirksamer Kommunikation die Zusammenarbeit mit den zahlreichen Schnittstellen spürbar für alle zu verbessern.

Als Mitglied in der internationalen Non-Profit Organisation „Toastmasters", coached und schult sie Mitglieder in Südwesteuropa. In den Bereichen Kommunikation und Führung werden sie dabei für deren privates wie berufliches Umfeld trainiert.

Ihre Erkenntnisse mit der Kommunikation an den Schnittstellen des Produktmanagements aber auch ihre Erfahrungen als Trainerin, Beraterin, Rednerin und Führungskraft hat sie in diesem Praxis-Ratgeber zusammengefasst.

www.corimbus.ch

Über die CO-Autoren

Katharina Brunner

Katharina Brunner war 20 Jahre erfolgreich im Bereich Corporate Communications von nationalen und internationalen Unternehmen tätig, bevor sie 2014 ihre eigene Beratungsfirma für User Experience gegründet hat. Den Grundstein dafür hat sie bereits mit ihrem Studium der Journalistik und Kommunikations-wissenschaften gelegt. Mit der Firma Maevis Consulting in Zürich berät sie Unternehmen, die benutzerfreundliche und erfolgreiche Produkte herstellen wollen, an der Schnittstelle von Produktmanagement, IT und Marketing.
Katharina Brunner ist unter www.maevis.ch und auf Twitter @MaevisConsult zu finden.

Eduardo Lopes

Eduardo Lopes ist seit 2010 als Product-, Marketing- und Projektmanager in der Maschinenbau- sowie Connectivity-Industrie tätig. Sein Produktmanagement zeichnet sich durch wertschaffende Produkte sowie einer raschen time-to-market aus. Für seine Bachelorarbeit setzte er sich intensiv mit dem Thema Produkteinführung im B2B auseinander.
Sie können Herrn Lopes via LinkedIn oder eduardo.lopes@gmx.ch kontaktieren.

Ludwig Lingg

Ludwig Lingg ist Unternehmer, Seminarleiter und Redner. Er hilft Unternehmern und Selbstständigen mit eigenen Geschichten ihre Kundenzahl zu steigern.
Seit 2012 beschäftigt sich Ludwig Lingg intensiv mit „Geschichten erzählen" im Business. In seinen Workshops vermittelt er Selbstständigen und Unternehmern diese äusserst wirkungsvolle Kommunikationsart. Im Juli 2015 hat er seinen Story-Power Podcast lanciert. In diesen Episoden gibt er

gemeinsam mit Experten und Unternehmern seine Erfahrungen und Wissen zu diesem Thema weiter.
Ludwig Lingg können Sie auf www.storypower.ch kontaktieren.

Frank Lemser
Frank Lemser ist Wirtschaftsinformatiker und beschäftigt sich seit dem Jahr 2000 praktisch und wissenschaftlich mit seiner Leidenschaft, dem Thema Produktmanagement.

Als Geschäftsführer und Ausbilder der proProduktmanagement GmbH schult und zertifiziert er Produktmanager nach dem Open Product Management Workflow™. Er hat den Open Product Management Workflow™ und dessen Werkzeuge für das Produktmanagement entwickelt, um die Zusammenarbeit mit den angrenzenden Abteilungen zu vereinfachen und wertvolle Zeit zu sparen. In seinen Schulungen und Beratungen in Firmen stösst er immer wieder auf neue Herausforderungen und bietet Lösungen für ein rentables Produktmanagement. Herr Lemser freut sich über Ihre Kontaktaufnahme unter info@proproduktmanagement.de

Inhalt

I. Rhetorische Kompetenz — 9

1. Die vier Kommunikationsstile — 9
2. EGO-Marketing: Produktmanager sind wichtig. — 11
3. 5 „Maggie-Techniken" für mehr Würze und Wirkung — 14
4. SERWIZ - Der Zuhörer ist Ihr Kunde — 19
5. Wirkungsvolles Auftreten in fünf Schritten — 24
6. Die „Black-Box" Ihrer Kommunikation — 27
7. Kommunikation für technisch Versierte — 28
8. Kauderwelsch der Kulturen verstehen — 30

II. Kommunikation mit Teams — 32

9. Der Open Product Management Workflow™ als Kommunikations-Booster — 32
10. Mehr Zeit mit guter Kommunikation gewinnen — 37
11. Fakten verkürzen Entscheidungszeiten — 39
12. Gute Kommunikation verbessert Motivation — 42
13. Akzeptanz der Produktmanager steigern — 43
14. Kennzahlen für Produktmanager-Leistungen — 46
15. Die „Generation Y" tickt anders — 47
16. Sitzungen mit mehr Gewinn für Alle — 49
17. Mit schwierigen Mitarbeitern reden — 52
18. „Schwierige" Mitarbeiter erkennen — 56
19. Konfliktmanagement – Gewitter bereinigen — 58

III. Kundenorientierte Kommunikation — 61

- 20. Zuhören erhöht Informationsgewinn — 61
- 21. Produktmanager gewinnen Marktwissen — 62
- 22. Exakte Kundenanforderungen reduzieren Kosten — 65
- 23. Kundenanforderungen priorisieren — 67
- 24. „Zeig mal her" - Visualisieren für bessere Produkte — 73
- 25. Storytelling: Kunden süchtig nach Produkten machen — 77
- 26. Marketing kommuniziert für echte Kunden — 82
- 27. Ein Framework zur Produkteinführung — 83
- 28. Marketing für Generation Y — 89

Literatur- und Quellenverzeichnis — 90

 Übungen

> „Die Kunst, richtig miteinander zu kommunizieren
> ist wie laufen lernen:
> man fällt so oft auf die Nase
> bis man liebevoll an der Hand genommen wird."
> (Wilma Eudenbach)

I. RHETORISCHE KOMPETENZ

1. DIE VIER KOMMUNIKATIONSSTILE

Stellen Sie sich folgende Situation vor: Sie sprechen mit Ihrem Geschäftsführer, der während des Gespräches auf die Uhr schaut und mit dem Fuss tippt. Dann sagt er: „Kommen Sie endlich zum Punkt." Was löst das in Ihnen aus?

Nehmen Sie eine bestimmte Art und Weise, wie sich Ihr Gegenüber verhält nicht persönlich. Sie wissen nicht, mit welchem Rucksack der Gesprächspartner ins Gespräch kommt. Stress im Verkehrsstau, ein krankes Kind oder eine Scheidungsphase, ein Lottogewinn oder bevorstehender Urlaub können den Verlauf von Gesprächen und die Stimmung beeinflussen.

Doch es ist unerheblich, in welcher Situation sich die Menschen befinden, denn die Kommunikationsstile sind abhängig von der Persönlichkeit eines Menschen. Wenn Sie diese erkennen, dann werden Sie adäquat darauf reagieren und Ihre Zeit und die des Gesprächspartners optimal nutzen.

„Wer auf andere Leute wirken will, der muss erst einmal in ihrer Sprache mit ihnen reden" (Kurt Tuchholsky)

Sprechen Sie die Sprache Ihres Gegenübers und vermeiden Sie Frust, Missverständnisse und weitere Sitzungen für erneute Präsentationen oder Klärung von Unklarheiten. Die folgende Tabelle gibt Ihnen einen Überblick über vier typische Kommunikationstypen und wie Sie darauf regieren können:

Tabelle 1: Kommunikationsverhalten und Handlungsoptionen

Typ	Kommunikationsverhalten	Handlungsoptionen
direkt	bestimmte Sprache, formell, spricht schnell, laute Artikulation, direkter Augenkontakt, fester Händedruck, hält Abstand	gute Vorbereitung, Fakten informieren, Inhalte zusammenfassen, direkte Fragen stellen, eher formell sein, aufrechte Körperhaltung einnehmen
temperamentvoll	verallgemeinernd, überzeugend, sagt seine Meinung, schnelle Aktion, bewegt sich viel, laute Artikulation, energischer Händedruck, viel stimmliche Variation	Erfahrungen abholen, in Lösungsfindungen integrieren, Zeit vorgeben, unterhaltsame Information liefern, Zeit für Diskussionen einplanen, Blickkontakt halten
besonnen	hört zu, persönliche Sprache, viel Gestik, spricht und bewegt sich langsam, sanfter Händedruck, gibt verbale Unterstützung	Zeit zum Kennenlernen und für Persönliches, Gemeinsames ansprechen, entspannt sein, vertrauensvolle Atmosphäre für eigene Meinung schaffen
systematisch	fokussiert auf Details, fasst sich kurz, wenig stimmliche Variation, kontrollierte Bewegung, wenig Emotionen	Fokus auf Fakten und Zahlen, Struktur, z.B. Zeit, Inhalt, Messkriterien vorgeben, gezielt nach Details fragen, nicht hektisch und zu schnell reden und bewegen

Haben Sie Ihren Kommunikationstypus erkannt?
Ich bin tendenziell eher ein temperamentvoll-direkter Kommunikationstyp. Das wissen Sie jetzt, wenn wir uns persönlich kennenlernen...
Diese Kommunikationstypen oder Kombinationen von diesen finden Sie überall und Sie befinden sich mittendrin. Es gibt

keinen guten oder schlechten Kommunikationstypen – alle werden gebraucht mit ihren spezifischen Stärken und Schwächen.

Wenn Sie nun das Erkennen von Kommunikationstypen trainieren wollen, dann beginnen Sie in Ihrem Umfeld. Sie können täglich üben und sich verbessern, z.B. im Bus, im Zug, mit Freunden, am Arbeitsplatz, mit dem Ehepartner und den Kindern.

2. EGO-MARKETING: PRODUKTMANAGER SIND WICHTIG.

Als Produktverantwortlicher präsentieren Sie das Unternehmen, wenn Sie Kundeninterviews führen, auf Messen mit Besuchern sprechen oder Produkte schulen. Sie sind präsent, wenn Sie an Geschäftsleitungssitzungen teilnehmen oder Kick-off Sitzungen leiten. Sie sind für die Zukunft des Unternehmens und den Produkterfolg verantwortlich. Sie sind wichtig. Sie stehen im Rampenlicht, ob Sie das wollen oder nicht. Wissen Sie auch, wie Sie im Strahl des Rampenlichts wirken? Sind Sie sich Ihrer Stärken bewusst? Sind Sie souverän?

Wenn Sie sich gelegentlich bei folgenden Fragen ertappen, dann finden Sie in diesem Kapitel Methoden, Ihr Selbstbewusstsein als Produktmanager zu stärken und Ihr Wissen zu präsentieren.

- Warum bekommt Frau Meier wieder eine Lohnerhöhung?
- Wieso kann Herr Krüger seine innovativen Ideen immer in Projekte umwandeln?
- Wieso dürfen die Anderen wieder ins Ausland zu den Kunden fahren und ich nicht?
- Warum erhalten immer die Anderen die interessanten Produktprojekte?
- Wieso wurde ich dieses Jahr nicht befördert?

Gesundes Selbstmarketing ist nicht verwerflich. Lassen Sie sich nichts Anderes einreden, denn die meisten sind voller Bewunderung ob so viel Selbstbewusstsein. Davon abzugrenzen sind die narzisstisch geneigten Kollegen, die zu jeder Zeit ihre, oft mässigen, Leistungen extrapolieren und in die Welt hinauszuposaunen.

In den verschiedenen Firmen und Branchen erlebe ich, dass Selbstmarketing oft ein schwieriges Thema für Frauen ist. Männer scheinen diese Kompetenz mit der Muttermilch zu bekommen und erzählen gerne, was sie erreicht oder gut gemacht haben. Frauen schreiben Erfolge Anderen zu und gehen mit guten Leistungen nicht hausieren. Oft fragen sie sich jedoch, warum sie und ihre Leistungen übersehen werden. Dabei ist es doch ganz einfach: Auch sie sehen am Firmament erst diejenigen Sterne, die am hellsten leuchten.

Also heisst das Motto: „TUE GUTES UND REDE DARÜBER" und erleben Sie das, was Henry Ford einmal sagte:

> „Enten legen ihre Eier in aller Stille. Hühner gackern dabei wie verrückt. Was ist die Folge? Alle Welt isst Hühnereier."

Selbstmarketing ist notwendig für gute Beziehungen und Ihre Karriere. Überlegen Sie einmal, wen Sie fragen, wenn Sie etwas wissen wollen. Denjenigen, dem Sie aufgrund von Erfahrung, Wissen und Kompetenz vertrauen. Richtig? Und woher wissen Sie das? Er wird es erzählt haben.

Wenn Sie Zeit in Ihr Ego-Marketing verwenden, werden Sie beruflich im Produktmanagement schneller vorankommen, mehr verdienen und die interessanteren Produktsortimente erhalten. Sie erhalten zudem grosszügige Freiheiten in Ihrer Arbeitsgestaltung. Soviel zu den Vorteilen.

Der Nachteil kann sein, dass Sie Neider haben werden. Aber dies wird für Sie bedeutungslos werden, denn Sie verfolgen mit ehrlichen Mitteln Ihre Ziele.

Denken Sie daran: Nur erfolgreichen Menschen wird etwas geneidet! Ein paar Zitate aus meiner Karriere: „Ulrike, wieso hast Du den Job bekommen?" „Wieso vertraut Dir die

Geschäftsleitung nach so kurzer Zeit, wo ich doch schon sechs Jahre im Job bin?", „Ich finde es ungerecht, dass Du schon wieder so lange ins Ausland fahren darfst."

Sie lernen in diesem Kapitel taktische Methoden, um Andere über Ihre Leistungen zu informieren und gleichzeitig Ihre Persönlichkeit zu bewahren. Sie müssen niemanden kopieren, denn Sie sind selber gut!

Nehmen Sie sich nun 20 Minuten Zeit und notieren Sie Antworten zu diesen Fragen:

1. Welche Aufgaben erledigen Sie gut?
2. Bei welchen Aufgaben haben Sie positive Rückmeldungen erhalten?
3. Welche Geschichten können Sie erzählen, um Ihre Erfolge zu verdeutlichen?
4. Welche Personen in der Firma sind wichtig für Ihre Karriere?

Wenn Sie sich Ihrer Erfolge bewusst sind, dann werden Sie diese auch gerne mitteilen wollen. Sie werden selbstbewusster.

Beispiele für Marktplätze des Ego-Marketings:

- Mitarbeiteranlässe
- Vorträge und Präsentationen
- Projekt Kick-offs und Kick-outs
- Strategische Sitzungen
- Artikel in Firmenzeitungen/Intranet/Blogs
- Mitarbeitergespräche
- Gespräche mit Vorgesetzten

Ihre Hausaufgaben für Ihr Selbstmarketing:

1. Schreiben Sie Ihre Erfolgsgeschichten auf und lernen Sie diese wirkungsvoll zu erzählen.
2. Wählen Sie Ihre Marktplätze für das Selbstmarketing.
3. Setzen Sie terminierte Aktionen für Ihr Selbstmarketing im Kalender ein, z.B. „Zwei Erfolgsgeschichten bis 20.10.

schreiben" oder „Präsentation/Vortrag am nächsten Firmenanlass halten."

Im nächsten Kapitel erfahren Sie, wie Sie wirkungsvoll präsentieren.

3. 5 „MAGGIE-TECHNIKEN" FÜR MEHR WÜRZE UND WIRKUNG

Sie möchten sich selber besser vermarkten oder sich für einen neuen Job bewerben? Sie möchten ein neues Produkt der Geschäftsleitung verkaufen oder Mitarbeiter schulen? Dann werden Sie so kommunizieren wollen, dass Ihre Worte verstanden werden. Hier hilft das Motto: "Klasse statt Masse."

Kürzlich sagte ein Produktmanager während einer Zugfahrt zu mir, dass Präsentationen für neue Produktideen „bunt und überladen sind und sie keiner versteht. Na ja, vielleicht Einer!" Oft ist der Inhalt die Essenz Nummer 1 und Detailinformationen werden mit kreativen PowerPoint-Folien „aufgehübscht". Notwendige Informationen verpuffen dabei wie Schall und Rauch. Es steht ausser Frage, dass Informationen zu technischen Details wichtig sind, wenn Sie das Ziel haben, den technischen Support zu schulen. Wenn Sie hingegen eine Produktidee oder ein Produktkonzept intern verkaufen wollen, dann verwenden Sie Worte, die beim ersten Mal ins Schwarze treffen. Das sind leicht verständliche und einprägsame Inhalte, die den Nutzen für den Kunden darstellen und souverän transportiert werden.

 Überlegen Sie einmal, wann Sie selber jemandem seinen Inhalt „abkaufen".

- Sie haben den Inhalt verstanden?
- Sie vertrauen den Erfahrungen des Redners?
- Die Argumente sind logisch?

Sie müssen kein brillanter Rhetoriker sein, um Ihre Kollegen und Geschäftsführer für Ihre Idee zu gewinnen. Es gibt schnell erlernbare und wirksame Methoden, Ihre Zuhörer zu überzeugen. Ich nenne diese Methoden „MAGGIE-TECHNIKEN".

1. Erzählen Sie in der Ich-Perspektive

Der folgende Satz ist ganz typisch in Präsentationen: „Die neue Maschine hat acht innovative Features und sie baut auf unserem neuen Standard auf. Wenn man sich vorstellt, dass unsere neue Beispiel-Technologie dabei nachhaltiger ist und weniger Rohstoffe verbraucht, dann wird diese Innovation den Markt revolutionieren."

Hallo? Hallo! Schlafen Sie schon?

Wie klingt folgender Satz für Sie: „Von Juli-September habe ich den Markt untersucht und festgestellt, dass 85% der potentiellen Kunden Probleme mit recyceltem PET haben. Sie verzeichnen hohe Lagerverwaltungsaufwände. Die Kunden haben mir erzählt, dass sie seit der Einführung des Recycling-Systems 40% mehr für ihre Lagerkosten zahlen. Kosten, die sie nur selten mit ihren Produkten kompensieren können. Mit der Beispiel-Technologie helfen wir unseren Kunden, 60% ihrer aktuellen Prozesskosten einzusparen. Zusätzlich habe ich unsere Mitbewerber analysiert und festgestellt, dass niemand über die Kompetenz verfügt, dieses Material in Kürze selber herzustellen. Jetzt stelle ich Ihnen diese Innovation mit acht neuen Funktionen vor."

2. Beziehen Sie die Zuhörer mit ein

Sicherlich haben Sie schon einem Vortrag von 20 bis 45 Minuten gelauscht, sind dabei vielleicht sanft abgedriftet oder haben eine Textnachricht versendet. Das wollen Sie als Redner selber nicht erleben - vermute ich!
Sprechen Sie Ihre Zuhörer direkt an. Das ist in Ihrer Firma sehr einfach, da Sie Ihre Zuhörer, deren Tätigkeiten und Denkhaltungen kennen. Bilden Sie damit sprachliche Brücken von Ihrem Inhalt zu den Zuhörern, denn wer direkt angesprochen wird, ist wieder voll und ganz bei Ihnen.

Behalten Sie die Aufmerksamkeit der Zuhörer auch durch Interaktion. Dies erreichen Sie durch rhetorische Fragen, Abstimmungen oder durch eine Meinungsumfrage, wie die nächsten Beispiele verdeutlichen:

„Frau Schmidt-Schaller, von Ihren Kunden habe ich erfahren, dass…"
„Was denken Sie, welche Lösung der Wettbewerb für seine Kunden hat?"
„Wenn Sie sich nun entscheiden sollten, wer stimmt dann für die Lösung A? Bitte heben Sie die Hand hoch. "

Bei der letzten Interaktion ist es wichtig, dass Sie die Hand selber hochhalten, denn die Zuhörer werden es Ihnen genauso nachmachen. So ist es auch einfacher für Sie, die Zustimmungen zu zählen.

3. Nutzen Sie Wirk-Sprache

Als deutsche Muttersprachler sind wir Meister in der Kreation von langen Sätzen und Wortkombinationen. Doch in der verbalen Kommunikation sind diese oft Gift für das Interesse der Zuhörer, wie das nächste Beispiel aus einem Vortrag in der Erwachsenbildung zeigt: „In der Andragogik verwenden wir multiple Lehrmethoden, die der Lehrbeauftragte den Lernenden mittels klassischen Lernmethoden, Blended Learning sowie verschiedenen Medien und lerntheoretischen Ausrichtungen miteinander kombiniert." Da macht das Zuhören wenig Spass!
Mit einer wirkungsvollen Sprache kleben Ihnen die Zuhörer jedoch schnell an Ihren Lippen:

Eliminieren Sie Wörter ohne Mehrwert

- aber
- eigentlich
- sicherlich/wirklich
- im Grossen und Ganzen
- ich glaube/denke/hoffe/

Sie liefern keine Zusatzinformation und schwächen Ihren Inhalt. Kürzen Sie Ihre Sätze, in dem Sie aus langen Sätzen mit vielen „und" und „und, dass" zwei oder drei Sätze machen.

Wenden Sie Wörter „sinnvoll" an

Zuhörer können das Gesagte besser nachempfinden, wenn Sie unsere fünf Sinne ansprechen: sehen, hören, riechen, tasten und schmecken. Diese Erlebnisse bleiben in Erinnerung, da sie direkt vom Gehirn wahrgenommen werden. Würzen Sie Ihre Aussagen und Geschichten mit sinnlichen Aussagen. Das funktioniert auch mit technischen Produkten: Denn eine polierte Edelstahloberfläche ist glatt und kühl, die neue optische Linie sorgt für ein weiches Gefühl und nimmt die Aggressivität heraus, das neue Material fühlt sich samtweich an.

Verwenden Sie konkrete Beschreibungen

Trennen Sie sich von nüchternen Worten. Anstelle von „Wir sind der Technologieführer" wird der Inhalt greifbarer und interessanter für die Zuhörer, wenn Sie es wie folgt formulieren: „Wir sind die Nummer 1 für Gabelstapler. Wir erzielen die meisten Umsätze mit..."

Legen Sie Pausen ein

Pausen sind ein weiteres wichtiges Würzmittel, das viel zu oft unterschätzt wird. Pausen erlauben Ihnen Luft zu holen und nachzudenken, aber auch einen Spannungsbogen oder humorvolle Effekte zu erzielen. Die Zuhörer danken Ihnen für Pausen, die ihnen helfen, Witze oder Konzepte gedanklich zu verdauen.

Hier sollten Sie auf längere Pausen achten
- Bei Gedanken- oder Themenwechsel (1 Sekunde)
- Abschluss von Witzen (3-5 Sekunden)
- Bei Gestik, die Gesagtes unterstreicht
- Nach rhetorischen Fragen (2 Sekunden)

Wiederholungen steigern die Bedeutung.
Die „Anaphora" ist ein rhetorisches Stilmittel, mit dem Sie Themen oder Eigenschaften mehr Nachdruck verleihen. Die „Anaphora" ist ein rhetorisches Stilmittel, dass Sie als Vorgesetzter verwenden, wenn Sie Ihren Mitarbeitern etwas Wichtiges verdeutlichen oder wichtige Produktmerkmale bei Kunden im Gedächtnis verankern wollen.
Die „Anaphora" ist ein rhetorisches Stilmittel, welches Sie bereits aus der jüngsten politischen Geschichte kennen: „Yes, we can!" von Barack Obama.
Die „Anaphora" ist ein rhetorisches Stilmittel, dass immer die gleichen Wörter in aufeinanderfolgenden Sätzen verwendet, um Aufmerksamkeit auf ein Thema, eine Produkteigenschaft oder eine Neuheit zu lenken. Die maximale Aufmerksamkeit erhalten Sie mit einer 4-fachen Wiederholung des Wortes. Sie werden jetzt nicht mehr vergessen, dass die Anaphora ein rhetorisches Stilmittel ist. Wetten, dass…?

4. Verzichten Sie auf Fremdwörter

Im ersten Beispiel wussten viele der Zuhörer nicht, was „Andragogik" und „Blended Learning" bedeuten. Sie fragten ihre Tischnachbarn oder suchten im Smartphone nach einer Antwort. Sie wurden unaufmerksam und hörten dem Redner nicht mehr zu. Daher ist es Ihre Aufgabe sich Gedanken zu machen, wer die Teilnehmer in Ihrem Vortrag sind und welches Vorwissen diese haben. Dann finden Sie auch die geeignete Sprache für Ihr Publikum.

Vermeiden Sie auch wenig aussagekräftige Fremdwörter wie „innovativ", „State of the Art", „feature" und sagen Sie, was Sie wirklich meinen, z.B.:

- Innovativ = bahnbrechend, immer neue Ideen entwickelnd
- State of the Art = auf dem neusten Stand, aktuellste Technologie
- Feature = Funktion, Eigenschaft, Leistungsmerkmal

5. Lassen Sie Zahlen sprechen

Wenn Sie eine Produktidee intern verkaufen möchten, dann bedeutet dies, dass Ihre Geschäftsführung Geld ausgeben soll. Daher möchte die Geschäftsführung wissen, was sie dafür erhält. Dazu finden Sie hier Daten:
- Fakten aus Ihren Kundeninterviews
- CRM- und ERP-Systemen
- Kennzahlen
- Vergleiche zur Vergangenheit oder zur Konkurrenz
- aus anderen Branchen
- in Trendanalysen etc.

Seien Sie kreativ für eine einfache Darstellung, aber realistisch in den Werten. Zahlen können beeindrucken, aber sie werden ggf. auch daran gemessen. Daher übertreiben Sie nicht im Positiven, wenn Sie z.B. eine Schätzung der Umsatzzahlen in den nächsten drei Jahren oder ein Marktpotential abgeben.

Ihre Übung für wirkungsvolles Reden:

Nehmen Sie eine kurze Präsentation mit Ihrem Smartphone oder Laptop auf und hören Sie sich diese an.
Schreiben Sie Ihren Text nach den Maggie-Techniken um und nehmen Sie diesen Vortrag nochmals auf.
Welchen Unterschied stellen Sie fest?

4. SERWIZ - DER ZUHÖRER IST IHR KUNDE

Ich möchte Ihnen zunächst eine Geschichte erzählen: Ich erhielt eine Kundenanfrage für einen Vortrag. Ich meine einen bezahlten Vortrag. Ich meine wirklich gut bezahlt! 120 unbekannte Ohrenpaare durfte ich erwarten. 98% Männer aus einer technischen Branche. 45 Minuten hatte ich Zeit, diese für mein Thema zu begeistern. Da stand ich als erste Rednerin nach den eloquenten Geschäftsführern auf dem Programm. Als einzige weibliche Rednerin stand ich auf einem Podium so gross wie eine Theaterbühne. Ich redete von Produkten, die sich nicht verkaufen oder solchen, die zu spät im Markt eingeführt wurden. Ich sprach von den Konsequenzen für die Unternehmen. Natürlich zeigte ich die Erfolgsrezepte für eine ressourcenschonende und schnelle Produktentwicklung. 50 Minuten lang schaute ich in Gesichter, die nur mir zugewandt waren. Lächeln und zustimmendes Nicken. Und dann geschieht etwas Eigenartiges: Ich erhielt den ersten spontanen Applaus in dieser Tagung. Meine Vorbereitung hatte sich gelohnt.

Warum scheitern manche Produktmanager schon direkt nach dem Start, während uns andere Redner bis zum Ende fesseln? Als Produktmanager möchten Sie, Menschen begeistern oder von Ihrer Idee oder einem neuen Produkt überzeugen. Daher sind Sie nun aufgefordert, Worte, Bilder, Geschichten und Argumente zu finden, die die Zuhörer verstehen. Der Wurm muss dem Fisch und nicht dem Angler schmecken. Oder würde der Angler sonst diese glibberigen, zappeligen Larven als Köder wählen? Die Larve ist für uns unappetitlich, doch für den Fisch das reinste Gourmetmenü. Machen Sie Ihren Zuhörern die Inhalte schmackhaft. Der Inhalt muss bei den Zuhörern ankommen.

Dazu habe ich den rhetorischen Verkaufsprozess „SERWIZ" entwickelt. Er soll Ihnen den Weg zu einer optimalen Vorbereitung für Ihre Kunden oder Kollegen zeigen. Je nachdem wie gut Sie Ihre Zuhörer kennen, kann die Vorbereitung von wenigen Minuten für interne Präsentationen bis hin zu mehreren Stunden für Vorträge bei Verbänden mit unbekanntem Publikum dauern.

1. Sicher starten

Jede Rede hat ein Ziel. Ihre Rede kann informieren, motivieren oder überzeugen. Ohne Ziel wird ein Vortrag, eine Präsentation oder auch eine Verhandlung konfus und es wird schwer, Ihren Gedanken zu folgen. Schauen wir uns folgendes Beispiel an: In einem Vortragscoaching lauschte ich einer Rede mit dem Titel „Big Data". Ich hörte „Industrie 4.0", „Appliances", „SQL",

„OTPS" von technischen Abhandlungen und nach sieben Minuten fragte ich meinen Kunden: „Was soll ich nach Deinem Vortrag verstanden haben?" „Ich möchte Dich über die Chancen und Risiken über Big Data informieren und was aktuell schon passiert." Seltsam, ich hatte das Gefühl, er will aus mir eine Datenbank-Spezialistin machen.

Legen Sie vor der Präsentation fest, welches Ziel Sie mit Ihrem Vortrag erreichen wollen und strukturieren Sie danach Ihre Präsentation: Einleitung, Hauptteil mit Unterpunkten und ein Schluss mit einer klaren Aufforderung, was die Zuhörer tun sollen.
Wenn Sie den Vortrag starten, informieren Sie Ihre Zuhörer über Ihr Ziel, damit sie es leichter haben, Ihnen zu folgen.

2. Empathie schaffen

Es ist wichtig, sich in die Welt der Zuhörer hineinzudenken, um die richtigen Worte und Bilder zu finden. Sie wissen nicht, wer der Zuhörer ist? Fragen Sie Ihren Vorgesetzten, den Veranstalter oder überlegen Sie, wer an den Sitzungen teilnimmt und holen Sie so viele Informationen wie nötig ein. Mit persönlichen Geschichten mit Bezug zum Thema und ähnlichen Erfahrungen sind Sie ganz nah in der Welt der Zuhörer. Haben Sie Ihre Worte gut verkauft, dann haben Sie Glaubwürdigkeit und Vertrauen erlangt. Sie haben gezeigt, dass Sie die Gefühle, Bedürfnisse und Lebensumstände des Publikums verstanden haben.

3. Rezepte liefern

Jetzt bereiten Sie den Inhalt Ihrer Rede oder Präsentation vor. Zuhörer sind aufmerksam, wenn Sie ihnen etwas erzählen, was ihnen persönlich nützt oder sie im Leben weiterbringt.

a) Lösungen, die Freude oder Erfolg steigern
Erholung, Gesundheit, mehr Marge, höhere Absatzzahlen, Status, mehr Geld verdienen.

b) Lösungen, die Schmerzen oder Frust vermeiden
Ideen leichter verkaufen, Kinder überzeugen, Gehaltserhöhung durchsetzen, Autoreparaturen leichtgemacht, Gewicht verlieren, neue Absatzmärkte, neue Kundengruppen.
Im Business heissen die Gründe meistens Geld oder Zeit sparen, wenn die Zuhörer und Geldgeber die Ohren aufhalten sollen.

c) Lösungen, um Zeit zu sparen
Entwicklungszeiten reduzieren, neue Maschinenanlagen, Auslieferungszeiten verkürzen, Businessdaten automatisch auswerten.

d) Lösungen, um Geld zu sparen
Marketingkosten reduzieren, Prozesse verkürzen, Mitarbeiterstunden senken, Leistungssteigerung von Geräten, mehr Knowhow.

Der Nutzen wird am besten in persönlichen greifbaren Erfolgsgeschichten mit positiven Fallbeispielen oder Demonstrationen vermittelt. Sie können Ihre Geschichte mit emotionalen Worten garnieren und damit stärken.
Eine Auswahl an emotionalen Wörtern finden Sie im Internet, z.B.: http://improwiki.com/de/wiki/improtheater/gefuehlsliste

4. Widerstand abbauen

Die Zuhörer in einer Sitzung, bei einer Vertriebstagung oder bei einer Produktschulung schauen auf das Handy, posten via Facebook eine Nachricht, tuscheln mit dem Nachbarn, zeigen Ihnen mit Stirnrunzeln kritische Blicke.
Wie kann das passieren, wenn Sie bereits ein rhetorisches Mittelgewicht sind und sich gut vorbereitet haben?
Es kann vorkommen, dass die Zuhörer Ihre Gedanken oder Argumente nicht verstehen! Wenn Sie das spüren, macht sich in der Regel ein Unmut breit, der sich in Ihrer Mimik und Gestik niederschlägt.

Versuchen Sie, Widerständen gegen Ihre Inhalte vorher aufzuspüren:

- Welche Erfahrungen der Zuhörer könnten dazu führen, meinen Ausführungen nicht zu vertrauen?
- Welche Ängste könnten auftreten?
- Welche kontroverse Meinung gibt es dazu in der Branche/Medien/Gesellschaft?

Schreiben Sie die Antworten auf und lassen Sie diese Erkenntnisse in Ihren Vortrag oder in das Gespräch einfliessen und behalten Sie immer einen zusätzlichen Joker in der Hinterhand, um auf Unvorhergesehenes noch reagieren zu können.

5. Informationen an Kunden anpassen

Die Geschmäcker sind beim Essen, beim Wein und im bevorzugten Vortragsstil verschieden. Der eine mag es prägnant auf den Punkt gebracht, die anderen humorvoll, wiederum andere benötigen technische Details.

Um Ihre Informationen empfängergerecht vorzubereiten, stellen Sie sich vorher folgende Fragen:

- Welche Sprache wird benutzt: formell, leger, Fachsprache?
- In welcher Lebenssituation stecken die Zuhörer?
- Welche Erfahrungen und Hintergründe haben die Zuhörer?
- Welche Erfahrungen haben Sie mit den Zuhörern gemeinsam?

Nehmen Sie sich nun zehn Minuten Zeit und probieren Sie die folgende Übung aus:

Sie wollen Ihre Kunden motivieren, nur noch zweilagiges Toilettenpapier in Unternehmen zu verwenden. Wie sehen Ihre Worte für Argumente, Emotionen und Geschichten für folgende Zuhörergruppen aus?

- Frauen
- Männer

- gemischte Zuhörergruppen
- Hersteller von Toilettenpapier und Firmenchefs

Stellen Sie einen Unterschied fest? Sehr gut, Sie haben die SERWIZ–Strategie gut umgesetzt.

6. Zufriedenheit feststellen

Sie sind verstanden worden und Ihre Inhalte wurden aufgenommen wie von einem Schwamm. Die Zuhörer haben Ihre Rede genossen und waren 100% aufmerksam. Seien Sie stolz darauf, denn das ist eine echte Win-Win-Situation. Geniessen Sie Ihren Erfolg, denn Sie haben es sich verdient. Sie möchten sich dennoch verbessern?
Eine einfache Methode ist, sich ein Feedback von mehreren Personen einzuholen und konkret nachzufragen, wo es Stärken und Schwächen gab.

5. WIRKUNGSVOLLES AUFTRETEN IN FÜNF SCHRITTEN

Als erstes vorab: Jeder kann selbstsicher auftreten. Souveränität ist auch für Schüchterne und Schnellredner lernbar. Ihr Auftreten ist massgeblich von Ihrer eigenen Denkhaltung und von der praktischen Übung abhängig. Vielleicht denken Sie jetzt, dass dies nur für die Geschäftsleitung, für den Verkauf oder Marketingexperten bedeutend ist. Glauben Sie das wirklich oder möchten Sie nur vermeiden, an neuen Kompetenzen zu arbeiten?
Denken Sie jetzt an Bewerbungsgespräche, Sitzungsleitungen, Informationen an Designer, Entwickler, Einkauf, Firmen- und Produktpräsentationen oder die vielen anderen Gelegenheiten, bei denen Sie Informationen mündlich weitergeben und sich dabei präsentieren. Dazu zeige ich Ihnen fünf Methoden wie Sie souveräner auftreten:

1. Denkhaltung ändern

Sie haben sich in ein Thema vertieft. Sie haben das grösste Knowhow zum Thema! Sie sind der Spezialist!

2. Stimme variieren

Helga Schäferling, eine deutsche Sozialpädagogin, sagte bereits: *„Manchmal muss man ganz leise werden, um Gehör zu finden."* Sprechen Sie moduliert. Erzeugen Sie Spannung und Aufmerksamkeit durch Veränderung der Lautstärke und des Sprechrhythmus. Reden Sie mit einer höheren oder tieferen Stimme, wenn es passt.

3. Gestik und Mimik einsetzen

Zur Betonung von Wörtern überlegen Sie sich eine passende Gestik und Mimik, die Ihre Worte unterstreichen. Bei Produktpräsentationen werden, Sie oft von hoch/tief und gestern/heute sprechen. Welche Handbewegungen fallen Ihnen dazu ein? Wie sieht Ihre Mimik aus, wenn Sie von glücklichen Kunden sprechen?

Tabelle 2: Beispiele für Körpersprache

Aussage	Körpersprache
Gestern/Heute	Die linke/rechte offene Hand zur Seite zeigen.
Die Absatzzahlen steigen/sinken	Mit gebeugtem Arm eine offene Hand nach oben oder unten bewegen.
Alle unsere Kunden	Beide Hände formen eine Weltkugel.
Strukturiert/ Systematisch	Eine Hand zeigt ein schrittweises Takten nach rechts oder links.
Aussagen Nachdruck verleihen	Daumen und Zeigefinger bilden einen Kreis. Die Hand bewegt sich wie im Takt, während Sie die Worte langsam aussprechen.

4. Blickkontakt halten

Halten Sie Blickkontakt, um die Augen und Gesichtsausdrücke zu beobachten. So sehen Sie, was die Zuhörer denken und können darauf mit Fragen oder weiteren Ausführungen reagieren.

Schauen Sie nicht an die Decke, auf den Boden oder Ihre Fussspitzen, denn dort steht Ihr Inhalt nicht. Sie wirken dadurch jedoch unsicher und weniger glaubhaft.

5. Auf Körperhaltung achten

Nehmen Sie nun folgende Haltung im Sitzen oder im Stehen ein: Schultern zurück, Brust raus, Bauch rein, Beine fest auf den Boden und schulterbreit auseinander. Was spüren Sie? Stark und siegessicher? Genau das sehen auch die Anderen. Die Körperhaltung verrät einiges über Sie, z.B. ob Sie sicher oder nervös sind. Das ist auch in sitzender Haltung wahrzunehmen. Je nachdem, welche Wirkung Sie erzielen wollen, verändern Sie also Ihre Körperhaltung bewusst. Ihre Körperhaltung wird auch von der Kleidung beeinflusst, die Sie tragen. Daher tragen Sie Kleidungsstücke, in denen Sie sich wohl fühlen. Denken Sie jetzt nicht an Ihre bequemen Jogginghose, sondern daran, dass Sie sich entsprechend dem Anlass und der Zielgruppe kleiden. Wenn Sie unsicher sind, was Sie tragen sollen, dann tragen Sie besser eine formale, zurückhaltende Kleidung. Damit liegen Sie immer richtig. Zur richtigen Kleidung finden Sie unter knigge.de ausführliche Informationen. Denken Sie auch hier daran: Der erste Eindruck zählt! Es gibt vielleicht keine zweite Gelegenheit.

Kurz vor dem Start Ihrer Präsentationen:
Gehen Sie bereits aufrecht und mit gehobenem Kopf zur Präsentationsfläche, denn das Auge des Zuhörers ruht bereits auf Ihnen und es ist die erste Chance, Sicherheit auszustrahlen. Stehen Sie dann weder so steif wie im Militär noch so entspannt wie beim geselligen Feierabendbier und laufen Sie nicht umher wie ein hungriger Tiger im Käfig. Wechseln Sie nur dann Ihre

Position, wenn Sie zu einem anderen Thema wechseln oder einen neuen Gedanken nennen.

Sie sind immer noch unsicher, ob Sie Ihr Auftreten ändern sollen, um Ihrer Kommunikation auf die Sprünge zu helfen? Dann lähmt Sie vielleicht die Angst vor Ablehnung, Versagen oder auch sich aus der Masse hervorzuheben.
Diese Ängste gilt es nun zu überwinden. Da helfen leider keine Tabletten, sondern nur regelmässiges Üben. Vertrauen Sie mir, denn ich habe die Resultate schon oft bei Menschen erlebt, die zunächst unsicher und ängstlich waren und die vor Nervosität gezittert haben. Sobald sie die Methoden angewendet und verinnerlicht hatten, stand ein völlig neuer Mensch vor mir.

 Hier können Sie Ihr wirkungsvolles Auftreten gratis üben:

- vor dem Spiegel
- bei Gesellschaftsspielen
- beim Spaziergang
- in Gesprächen mit Fremden/Freunden
- in jeder Sitzung
- in Rhetorik-Clubs

6. Die „Black-Box" Ihrer Kommunikation

Seit einiger Zeit werden „Black-Boxen" bei Autos herangezogen, um bei Unfällen nachträglich das Fahrerverhalten zu analysieren und auf die Unfallsache schliessen zu können.

Sie haben auch so eine Black-Box, in der Ihr Kommunikationsverhalten aufgezeichnet wird. Ihre Black-Box sind Sie selbst. Es sind Ihre lieb gewonnenen nonverbalen Kommunikationsgewohnheiten, die Sie mit anderen teilen. Diese dummen Gewohnheiten, wie z.B. häufiges Räuspern, Hände reiben, ans Ohr oder an die Nase fassen, Haare hinter die Ohren stecken oder mit gekreuzten Beinen stehen, fallen Ihnen selber nicht auf. Die Kommunikations-Psychologie bezeichnet diese unbewusste Kommunikation als „blinden Fleck." Damit Sie

Ihren blinden Fleck kennenlernen und diesen aus dem Weg räumen können, gibt es effektive Möglichkeiten:

- Holen Sie Feedback von Kollegen nach Präsentationen, Sitzungsleitungen, Vorträgen oder Workshops ein.
- Bitten Sie jemanden, Ihre Präsentation aufzunehmen und analysieren Sie diese in Ruhe.
- Beginnen Sie zunächst damit, <u>zwei</u> dumme Angewohnheiten zu eliminieren, die am auffälligsten sind. Nicht gleich alle auf einmal.

Die „dummen Gewohnheiten" können dazu verleiten, dass Sie als schüchtern, nervös oder inkompetent wahrgenommen werden, dabei sind es nur dumme Gewohnheiten.

7. KOMMUNIKATION FÜR TECHNISCH VERSIERTE

Dieses Kapitel ist allen Produktverantwortlichen gewidmet, die eine technische Ausbildung absolviert haben, in einem technischen Betrieb arbeiten oder ein technisches Produkt managen. Sie alle haben etwas gemeinsam: Sie lieben technische Details und erzählen davon leidenschaftlich und ausführlich. Doch leider ist dieses Interesse nicht immer beim Gegenüber gleich gross ausgeprägt und Ihre Worte prallen oft wie Regentropfen am Regenmantel ab. Ihre Worte dringen nicht durch.

Nehmen Sie das nicht persönlich oder als Wertung von Desinteresse. Die technischen Details werden häufig von Ihren Zuhörern nicht verstanden oder Ihre Detailtiefe ist zur Entscheidungsfindung gar nicht notwendig.

Für **Technikfreaks** gibt es sieben Fragen, deren Antworten Ihnen helfen, technische Details auf das notwendige Mass zu straffen:

1. Was ist das genaue Ziel meiner Information?
2. Was sollen die Teilnehmer der Sitzung nach meiner Präsentation wissen?

3. Welche Entscheidungen sind von meiner Information abhängig?
4. Sind in der Sitzung nur technische versierte Teilnehmer oder eher technische Laien meine Zuhörer?
5. Wie kann ich meine Produkt- oder Analyseergebnisse so erklären, dass es ein Passant auf der Strasse, ein Teenager oder meine Grossmutter gut versteht?
6. Welcher Medieneinsatz, welche Grafiken und Bilder unterstützen meine Aussagen in einfacher Weise?
7. Wieviel Zeit steht mir maximal zur Verfügung?

Machen Sie eine Generalprobe vor einer vertrauten Person, um Optimierungspotentiale herauszufinden:

- Sind Stolpersteine, wie z.B. Stirnrunzeln, Kopfschütteln, Ablenkungen beim Zuhörer nicht mehr erkennbar?
- Sind die Tabelleninhalte in einem grossen Raum auch in der hintersten Reihe lesbar?
- Kann der Zuhörer die Inhalte wiedergeben?
- Beurteilt der Zuhörer alle Inhalte als relevant?

Wenn Sie eine Frage mit „Nein" beantworten, dann überarbeiten Sie Ihren Vortrag diesbezüglich. Der Vorteil einer guten Vorbereitung ist, dass Ihr Kommunikationsziel sicher erreichen. Garantiert!

8. KAUDERWELSCH DER KULTUREN VERSTEHEN

„Damit die Menschen eine Tür öffnen, müssen sie wissen wer davor steht" (Anke Maggauer-Kirsche)

Mit diesem Wert bin ich als junge Managerin in die Welt hinausgezogen. In meiner ersten Karriere war ich als Bekleidungs-Ingenieurin in Osteuropa unterwegs. Ich habe mich auf das jeweilige Land und seine Menschen vorbereitet und die wichtigsten Worte aussprechen gelernt. Dank Internet ist der Zeitaufwand dafür heute wesentlich geringer als vor zwanzig Jahren. Zudem finden wir in unserem Umfeld viele Mitmenschen aus anderen Kulturkreisen, die wir direkt befragen können. Es macht einen veritablen Unterschied für eine erfolgreiche Teamarbeit, wenn die verschiedenen Kulturen aufeinander zugehen. So ist z.B. die Qualität in einer Produktionsstätte binnen einer Saison gestiegen, da ich die Produktions-verantwortlichen und -mitarbeiter respektiert und Interesse für sie gezeigt habe. Im Umkehrschluss hatten sie viel mehr Freude, sich für „mein" Produkt einzusetzen. Das ist eine Win-Win-Situation: mehr Spass, bessere Qualität, weniger Kosten und Aufwand für alle.

In einem Interview in der „Zeit" von Marike Frick zum Thema „Interkulturelle Kompetenz" mit Business-Coach Gary Thomas, sagt Thomas treffend *„...dabei ist Kultur wie ein Tanz: Man kann nicht mittanzen, wenn man die Schritte nicht kennt. Vor allem kann man nicht führen. Deshalb sollte man den anderen erst mal zuschauen und die Schritte beobachten."*

Im Produktmanagement treffen Sie mit verschiedenen Kulturen sowohl innerhalb als auch ausserhalb der Firma zusammen. Sie können Missverständnissen und Konflikten vorbeugen, wenn Sie sich mit der anderen Kultur vertraut machen. Zudem sind andere Kulturen eine hervorragende Quelle für Inspirationen andere Blickwinkel, mehr Kreativität, Toleranz, andersartigem Humor. Interkulturelle Kommunikationsfähigkeiten sind in der anhaltenden Globalisierung eine Kompetenz, die Ihnen hilft, erfolgreicher in der Führung und Zusammenarbeit zu sein.

Bevor ich zu den Tipps komme, möchte ich Ihnen noch eine deutsch-schweizerische Kultur-Anekdote mitteilen:
Ein Schweizer Kollege hatte in Kiel einen Auftrag. Nach einigen Sitzungen kommt sein deutscher Kollege zu ihm und sagt: „Ihr Schweizer seid schon komisch. Wenn ihr zustimmt, dann sagt ihr: „Nein, nein, das ist kein Problem." Wenn ihr dagegen seid, dann beginnt der Satz mit „Ja-a, aber…" Euch soll mal einer verstehen!"
Sprachkenntnisse sind für eine erfolgreiche Zusammenarbeit essentiell, aber kulturelles Verständnis auch!

Versorgen Sie sich daher mit Informationen zu nonverbalen und verbalen Kommunikationen, z.B. Ihres Gastlandes oder der Sie umgebenden Kulturen, die Sie darin unterstützen, adäquat mit Partnern, Kollegen und Mitarbeitern umzugehen:

- Schriftliche und mündliche Begrüssungsfloskeln
- Art und Weisen, ein „Nein" auszudrücken
- Methoden zum Diskutieren und Verhandeln
- Small-Talk-Themen
- Umgang mit der Pünktlichkeit
- Begrüssen und Verabschieden
- Bedeutung von Lächeln und Gestik
- Verhalten beim Essen und bei Einladungen
- Kleidungsgepflogenheiten

Respektieren Sie die Anderen und lernen Sie, deren Verhalten zu verstehen. Das sind Säulen für eine gute Zusammenarbeit.

II. KOMMUNIKATION MIT TEAMS

9. DER OPEN PRODUCT MANAGEMENT WORKFLOW™ ALS KOMMUNIKATIONS-BOOSTER

Von Frank Lemser

Status Quo im Produktmanagement

Immer wieder erzählen mir Produktmanager und Leiter des Produktmanagements, dass das Ansehen des Produktmanagements sehr optimierungsbedürftig in ihrem Unternehmen sei. Vielmals denken sie, dass sie mit ihrer Situation und ihrem Unternehmen ein Einzelfall sind. Geht es Ihnen ähnlich?

An dieser Stelle kann ich Sie beruhigen, denn die Erfahrung hat über die Jahre gezeigt, dass das Thema „fehlendes Ansehen des Produktmanagements" sehr weit verbreitet ist und Sie mit dieser Situation nicht alleine sind.

Doch wieso ist das so? Können Sie das ändern? Hier kommt die gute Nachricht: Sie können diese Situation zu jeder Zeit ändern. Es sind mehrere Handlungsfelder, die Veränderungen in der Arbeits- und Kommunikationsweise erfordern, damit das Produktmanagement sein zu recht hohes Ansehen erhält.

Der Open Product Management Workflow ™ ist ein systematisches Vorgehen, dass die Kommunikation mit allen Schnittstellen so verbessert, dass die technischen Abteilungen, der Verkauf, das Marketing und die Unternehmensführung genau die Informationen erhalten, die sie für ihre tägliche Arbeit benötigen. Durch diese abteilungsgerechte Kommunikation erhöhen Sie die Entscheidungsfähigkeit und reduzieren die Entwicklungszeit bis zur Markteinführung, da weniger Annahmen, Nachfragen und Diskussionen entstehen, denn Ihre Informationen basieren auf echten Marktdaten.

Die Ursachen

1. Die Sprache der Anderen ist ein Buch mit sieben Siegeln

Jede Abteilung im Unternehmen hat ihre eigene Fach- und Abteilungssprache und benötigt für sie angepasste Informationen, um erfolgreich arbeiten zu können. Darin liegt ein Grundproblem der Produktmanager begründet: Produktmanager verstehen weder die Sprache der Fachabteilungen, noch kennen sie die Anforderungen, die die angrenzenden Abteilungen erfüllen müssen. Doch dies ist ein Schlüssel zum Erfolg, denn Produktmanager arbeiten mit fast allen Abteilungen im Unternehmen zusammen.

> *„Das Geheimnis des Erfolges ist,*
> *den Standpunkt des Anderen zu verstehen."*
> (Henry Ford)

Grafik 1: Schnittstellen, mit denen Produktmanager regelmässig kommunizieren

2. Unpassende Informationen führen zur Frustration

Viele Produktmanager, denen ich begegne, sind sehr technisch orientiert und sprechen die Sprache der Ingenieure. Marketing- und Vertriebsmitarbeiter erzählen mir oft, wie unzufrieden sie mit den Informationen aus dem Produktmanagement sind: "Immer nur Technik und Features, die niemand versteht." Beim Produktlaunch stehen auf Webseiten, in Broschüren und Vertriebsmaterialien nichtssagende Worthülsen wie "innovativ", „nachhaltig", „beste" und viel technisches Kauderwelsch. Das verstehen auch die Endkunden nicht. Dadurch werden potentielle Kunden nicht zu Käufern oder der Vertriebsprozess verlängert sich um ein Vielfaches, da der Verkäufer viel mehr kommunizieren und überzeugen muss.

Geschäftsführer berichten, dass das Produktmanagement keine oder zu wenig Marktkenntnis besitzt und die Business-Cases nicht optimal als Entscheidungsvorlage für Investitionen in neue Produkte geeignet sind. Es fehlen verlässliche Fakten, die auf tatsächlichen Marktinformationen beruhen und daraus abgeleitete Produktstrategien, die nachvollziehbar aber auch transparent sind. Das Produktmanagement kann mit seinen Argumenten nicht überzeugen. Daher passiert es oft, dass die Geschäftsleitung lieber dem eigenen Wissen und den Erfahrungen vertraut als dem Produktmanagement und andere Produkte entwickeln lässt. Das Ergebnis: Beide Seiten sind frustriert!

Die Lösungen

1. Produktmanager führen Gespräche mit Kunden

Überlegen Sie nun einmal, welche Informationen Ihre Geschäftsleitung für Entscheidungen benötigt.
Können Sie die verschiedenen Einkaufsentscheider und die Einkaufskriterien Ihrer Kunden benennen?

Wissen Sie, welche die häufigsten Probleme und Bedürfnisse der Marktteilnehmer sind?
Kennen Sie die Ursachen dafür, was die Kunden nervt, Ihnen Zeit oder Geld bei Ihren Tätigkeiten raubt und wissen Sie, ob die Kunden für eine gute Lösung auch bereit sind, Geld auszugeben?

Wenn Sie alle Fragen beantworten konnten, dann haben Sie Ihre Hausaufgaben bereits erledigt. Die Erfahrung aus der Praxis zeigt jedoch, dass Produktmanager diese Fragen oft nicht spontan beantworten können. Es sind aber genau diese und weitere Antworten, welche die Geschäftsleitung, die Marketingabteilung, der Vertrieb, die Technik und weitere Abteilungen benötigen. Jede in einer anderen Form.

Hier hilft Ihnen die systematische Informationsweitergabe mit dem Open Product Management Workflow™(www.open-pmw.org).
Der Open Product Management Workflow™ beginnt mit den strategischen Aufgaben und leitet daraus die weiteren Schritte ab. Er bietet für jede Informationsweitergabe an eine Schnittstelle das passende Werkzeug.
Die Basis für diesen Workflow bilden Kundeninterviews, um reale Probleme und Bedürfnisse sowie Zusatzinformationen über Kunden zu erhalten. Die Informationen aus den Kundeninterviews und damit aus dem Markt geben Ihnen Antworten zu wichtigen Fragen z.B. zu den Themenbereichen:

- Probleme bei ihren Aufgaben
- Anwendungsfälle
- Nutzer- und Käufer-Persona
- Einkaufskriterien und Einkaufsbeeinflusser
- Informationsverhalten
- Wettbewerbssituation

Die Interviews mit Marktteilnehmern, deren Auswertung und das spezifische Aufbereiten der Ergebnisse für die angrenzenden Abteilungen ist der Grundstein für Ihren neuen Kommunikationserfolg im Produktmanagement.

Wie viele Interviews haben Sie im letzten halben Jahr mit Marktteilnehmern geführt, diese protokolliert und ausgewertet?

2. Produktmanager kommunizieren marktorientiert für jede Abteilung

Wenn Sie Ihre Schnittstellen zufriedenstellen und das Ansehen des Produktmanagements durch Marktwissen erhöhen wollen, dann fragen Sie Ihre internen oder externen Kunden, was Sie benötigen, um erfolgreicher zu sein, z.B.:

- Was sind die häufigsten Probleme?
- Was nervt oder stört Sie?
- Wobei verschwenden Sie Zeit oder Geld?
- Wieviel würden Sie für eine Lösung des Problems zahlen?

Spätestens nach sechs Interviews werden sich Hauptprobleme herauskristallisieren und Sie erhalten eine Liste von Top-Problemen direkt aus dem Markt.

Jetzt liegt die Verantwortung bei Ihnen, die gewonnenen Erkenntnisse abteilungsgerecht zu kommunizieren:

<u>Geschäftsleitung</u>: Businessplan mit echten Bedürfnissen, Kundensegmenten, Absatzzahlen, Umsatz, ROI etc.

<u>Marketing und Vertrieb</u>: Produktpositionierung, Mehrwerte, Preise, Distributions- und Kommunikationskanäle etc.

<u>Entwicklungsabteilung</u>: priorisierte Anforderungsliste gemäss Kundeninformationen und Firmenkriterien

Jede Abteilung erhält genau die Informationen, die sie schnell entscheidungs- und handlungsfähig macht, denn sie hat Fakten aus dem Markt vorliegen.

Es ist leicht, reale Kundeninformationen zu erhalten. Das sind genau die Informationen, die heutzutage die einzig wichtigen Informationen sind, um im globalen Markt und damit im Wettbewerb zu bestehen. Wenn Sie wissen, was Ihre Schnittstellen benötigen, dann können Sie die Marktinformationen so kommunizieren, wie Ihre Kunden sie benötigen. Damit reduzieren Sie Frust durch doppelte Arbeit, Zeit für Sitzungen, Investitionsverschwendung in der Entwicklung und im Marketing und erhöhen gleichzeitig Ihr Ansehen als Produktmanager und kompetenter Ansprechpartner.

10. MEHR ZEIT MIT GUTER KOMMUNIKATION GEWINNEN

Fast in jeder Schulung und in jedem ProductCamp-Workshop wird mir folgende Frage gestellt: „Wie kann ich denn mehr Zeit für meine strategischen Aufgaben gewinnen? Ich stecke so im Alltagsgeschäft, dass ich dazu wirklich nicht komme."
Dies liegt zum einen oft daran, dass Aufgaben nicht geklärt sind und der Produktmanager „Mädchen für Alles ist". Wenn dies der Fall ist, lesen Sie bitte das Kapitel 9 von Frank Lemser.

Ich appelliere hier, mit den Handlungen zu beginnen, die Sie selber beeinflussen und ab morgen umsetzen können. Die Massnahmen in der folgenden Tabelle sind erprobt und wirken äusserst schnell. Sie werden damit mit Leichtigkeit vier bis zehn Stunden pro Woche gewinnen. Das glauben Sie nicht? Dann notieren Sie die nächsten drei Tage wieviel Emails Sie schreiben und wie viele Anfragen Sie erhalten, mit der Bitte um Informationen, Korrekturen oder näheren Spezifikationen. Wie viele Stunden verbringen Sie damit Woche für Woche?

Tabelle 3: Kommunikationsarten und Verbesserungspotentiale

Was ist zu tun?	Ihr Zeitgewinn
Emails	
Nur relevante Empfänger auswählen.	Email-Flut vermeiden, die nicht wichtig ist.
Inhalt zielorientiert und strukturiert mit klaren Aufgaben.	Zeit beim Schreiben einsparen und Nachfragen vermeiden.
Überlegen, ob Sie Antworten nicht schneller per Telefon erhalten.	Reduktion von Email-Schleifen. Diskussionen gehen per Telefon schneller.
Für Umfragen Online-Tools verwenden.	Email-Flut vermeiden.
Geeignetes Ablagesystem schaffen.	Suchen von Emails reduzieren.
Zeiten für Email lesen in Kalender eintragen.	Störungen vermeiden und dadurch Produktivität steigern.
SMS/Whats-App/Soziale Medien	
Privates ausserhalb Arbeitszeit regeln.	Konzentration auf eine Aufgabe und so Produktivität steigern.
Nein-Sagen	
Kommunizieren Sie Ihre Prioritäten und bieten Sie neue Termine an.	Zeit für Wesentliches erhalten und Termine einhalten.
Informieren	
In der Sprache der Empfänger. Ziel und Hintergrund erklären. Aufgaben eindeutig informieren.	Nachfragen durch Missverständnisse und fehlende Informationen reduzieren.

11. FAKTEN VERKÜRZEN ENTSCHEIDUNGSZEITEN

Business-Intelligence Systeme unterstützen Unternehmen dabei, Daten zu erfassen, zu speichern, zu organisieren und gezielt für Auswertungen zur Verfügung zu stellen. Diese IT-Systeme sind uns bestens vertraut für Produktionsprozesse und Kunden- und Lieferantenbeziehungen. Während diese Systeme weitverbreitet sind, warten wir noch auf eine clevere Software, die aus Kundeninformationen die relevanten Fakten für das Produktmanagement liefert.

Wie sieht es aktuell mit Fakten im Produktmanagement aus? Jetzt erstaune ich Sie mit Fakten aus meiner Umfrage:

- 67% der leitenden, 57% der Senior Produktmanager und 75% der technischen Produktmanager finden Businesspläne zu wenig faktenbasiert.
- 100% der leitenden Produktmanager geben an, dass Innovationen zu wenig auf Marktbedürfnisse überprüft werden.
- 60% der leitenden Produktmanager und 71% der Senior Produktmanager sagen, dass es verbesserungswürdig ist, Entscheidungen auf Basis von Fakten zu treffen.

So ist es nicht erstaunlich, was die vierte Planview® Benchmark-Studie in Bezug auf die Herausforderungen im Produktportfolio-Management herausgefunden hat:

- Entscheidungen sind zu 53% nicht eindeutig, verzögert oder ineffizient.
- Nur 15% der Befragten haben sofortigen Zugriff auf aktuelle und genaue Daten.
- 80% der Entscheidungen werden auf Basis von schlechten oder schwer zugänglichen Daten getroffen.

Die Actinium Consulting kommt in ihrer Studie „Fachbereichsverantwortliche vertrauen zunehmend den Analysen der BI-Systeme" zu einem erschreckenden Ergebnis: Nur 33% der

Befragten fühlen sich in ihren Entscheidungen sicher und 40% weitgehend sicher.

Mit diesen Zahlen wird es nachvollziehbar, warum Entscheidungen herausgezögert werden. Es ist dringend notwendig, neue Wege zu gehen, damit Produktmanager mit neuen Methoden faktenbasierte Entscheidungsvorlagen erstellen können.

Warum sind Fakten so wichtig?

Durch die technische Komplexität, den erhöhten gesetzlichen Auflagen und den wachsenden Ansprüchen an Benutzerfreundlichkeit und Design, sind die Produktentwicklungen heute viel teurer als vor zwanzig oder dreissig Jahren. Gleichzeitig steigt der interne Aufwand für Marketing und Vertrieb für einen internationalen Markt. Es muss daher Ziel jedes Unternehmens sein, nur noch in solche Entwicklungen Geld und Zeit zu investieren, die für den Kunden wirklich ein Problem lösen und einen Mehrwert bieten.

> *„Wer keine Probleme löst, darf sich nicht wundern, dass sich keiner für das Angebot interessiert."* (Peter Sawtschenko)

Der Markterfolg und die Amortisation von teuren Entwicklungen sorgt für das Überleben Ihres Unternehmens und die Auszahlung Ihres Gehaltes.

Quellen für Ihre Faktenbasis

Es ist nicht wichtig, ob eine neue Problemlösung vom Kunden oder von internen pfiffigen Mitarbeitern kommt. Es ist hingegen von zentraler Bedeutung, dass Sie jede Idee mit potentiellen Kunden überprüfen und diese Aussagen erfassen. Sie sollten die Möglichkeit nutzen, die Daten von Kunden, Mitbewerbern und auch Trends systematisch zu sammeln, zu aktualisieren und auszuwerten. Dieser Datenpool bietet die Grundlage für die Fakten, die im Produktmanagement noch zu oft fehlen. Der grosse Vorteil an Fakten ist, dass keine Hierarchie, keine einzelne Person diese wegdiskutieren kann oder zu

Interpretationen verleiten. Es sind reale Daten basierend auf Ihre eigenen pfadfinderischen Tätigkeiten im Markt und es ist kein Blick in die Kristallkugel!

Die nächste Auflistung bietet Ihnen Ansätze zum Sammeln genereller Markt- und Kundeninformationen:

- Probleme in der Anwendung von Installation bis Entsorgung
- Bedürfnisse, um erfolgreicher zu arbeiten
- Preiseinschätzungen
- Einkaufsorte und Zahlungsarten
- Informationsquellen vor und nach dem Kaufentscheid
- Technische Affinität
- Mitbewerberinformationen
- Einschätzung der Unternehmenskompetenzen

Notieren Sie jetzt, was Sie potentielle Kunden fragen, wenn Sie im Gespräch sind? Finden Sie Verbesserungspotentiale für zukünftige Interviews?

Je mehr Kundengespräche Sie führen, umso mehr Fakten haben Sie zur Hand. Mit Fakten, die auf Kundeninterviews beruhen, werden Sie

- zum kompetenten Ansprechpartner für die Geschäftsleitung und andere Abteilungen
- nachhaltigere Entscheidungen treffen
- weniger Sitzungen durchführen
- eine schnellere und kostengünstigere Entwicklung ermöglichen
- kundenorientiere Produkte mit besseren Margen anbieten
- eine wirkungsvolle Marketing-Kommunikation erstellen
- die richtigen Absatzkanäle finden

Immer noch werden täglich sehr viele Entscheidungen aus dem Bauch heraus oder aufgrund von Erfahrungen getroffen. Schaffen Sie sich Zeitfenster und gehen Sie hinaus in den Markt.

Sprechen Sie mit jeder Art von Kunden, Wettbewerbern und Lieferanten. Sie werden verblüfft sein, wie schnell Ihr Marktwissen steigt und wie sicher Sie neue Produktideen intern verkaufen können.

Damit Sie so schnell wie möglich die Vorteile von Fakten erleben, überlegen Sie nun für welches Produkt oder welche Produkterweiterung ein Businessplan oder ein Anforderungskatalog ansteht. Nehmen Sie sich jetzt die Zeit und stellen Sie fest, welche Fakten fehlen und ergänzen Sie diese. Organisieren Sie Ihre Kundeninterviews dazu.

12. GUTE KOMMUNIKATION VERBESSERT MOTIVATION

Es gibt kontroverse Meinungen zur Motivation. Die eine Meinung lautet, dass Menschen nicht motiviert werden können. Die andere besagt, dass Motivation von Menschen durchaus möglich ist.
Als Führungskraft erlebe ich immer wieder, dass Menschen durchaus zu motivieren sind, sofern sie ein persönliches Ziel mit einer Aufgabe verbinden können oder verstehen, warum eine Aufgabe bedeutungsvoll ist. Sehr häufig stelle ich fest, dass Mitarbeiter demotiviert sind, weil sie keine eindeutigen Aufgaben oder Informationen zu spät oder gar nicht erhalten. Sie werden jetzt zu Recht einwenden wollen, dass nicht jede Aufgabe motivierend sein kann. Da stimme ich zu. Es ist jedoch die Verantwortung der Führungskraft zu informieren, warum diese Aufgabe notwendig ist, bevor die Arbeitsleistung auf ein unterirdisches Niveau sinkt!

Für eine Aufgabenerteilung ist es bedeutsam, dass Sie die Antriebskräfte zur Eigenmotivation des Anderen kennen, um das richtige Zuckerstück herauszufinden. Wenn Sie diese verstehen, finden Sie leichter Argumente in der Sprache, die den Anderen bewegen, etwas für Sie, für Ihr Produkt, Ihr Unternehmen oder für sich selbst zu tun.
Überlegen Sie einmal, wann Sie selber im Beruf motiviert sind:

- Sind es neue spannende Projekte?
- Ist es die Aussicht auf einen Sabbatical?
- Sind es die Aussichten auf Karriere oder Ansehen?
- Möchten Sie mehr verdienen?
- Sie können flexibel und selbstbestimmt arbeiten?
- Sie dürfen mit vielen verschiedenen Menschen zusammenarbeiten?
- Sie erhalten regelmässige Weiterbildungen?
- Sie dürfen innovative Ideen äussern?

Feedbacks von Mitarbeitern und Studenten ergaben folgende fünf Punkte, warum sie motiviert mitgearbeitet haben:

1. persönliche Ansprache statt Email
2. verständliche Aufgabenstellung
3. Information über Notwendigkeit und Nutzen
4. Vertrauen in die Leistung
5. Unterstützung bei Fragen

Klingt irgendwie logisch und dennoch scheitern Projekte und Teams an dieser einfachen Kommunikation. Denken Sie in Zukunft auch daran, dass Sie selber motivierend wirken können. Wenn Sie von der Bedeutung einer Aufgabe überzeugt sind, drücken Sie dies in wohlwollenden Worten, mit klarer Stimme, freundlicher Mimik, offener Gestik und gerader Körperhaltung aus. Verbunden mit Wertschätzung für bisherige Erfolge oder zu der Persönlichkeit sind das bereits einzigartige Motivationspillen.

13. Akzeptanz der Produktmanager steigern

Der Aufbau des Ansehens einer Produktmanagement-Abteilung gleicht einer Sisyphusarbeit. Kunden erzählen mir, wie schwer es ist, das Produktmanagement im Unternehmen zu positionieren. Das spiegeln auch die vielen Aussagen über und vom Produktmanagement wider: „Mädchen für Alles", „Müllabladestelle für ungeliebte Produkte und Projekte",

„Unsere Produktmanager sitzen nur am Schreibtisch", „Was machen die eigentlich den ganzen Tag?", „Jetzt sagt mir das Produktmanagement auch noch, was ich zu tun habe."

In technisch orientierten Unternehmen ist das Produktmanagement bereits aufgebaut, arbeitet jedoch oft noch zu wenig systematisch und kundenorientiert und ist nicht zuletzt deswegen schlecht akzeptiert, das schreibt auch Frank Lemser im Kapitel 9.

Einerseits sind die Schnittstellen Vertrieb, Entwicklung, Einkauf, After Sales, Testabteilung, Marketing und Qualitätsmanagement nicht über den Nutzen und die Aufgaben des Produktmanagements informiert. Andererseits bezweifeln sie, dass das Produktmanagement über profundes Marktwissen verfügt, welches für profitable Produkte notwendig ist.
Kollegen aus der Technik, Entwicklung, Vertrieb oder Marketing haben manchmal sogar Angst, dass Ihnen jemand Arbeit oder Macht wegnimmt. Weil der Produktmanager oft in bestehende Strukturen hineinkommt, muss er sich mit seinem Wissen und Erfahrungen neu positionieren. Die anderen Abteilungen warten erst einmal ab, was „geliefert" wird. Es werden unausgesprochene Erwartungen an den Produktmanager gestellt. Wenn der Produktmanager diese nicht erfüllt, erledigen die anderen Abteilungen seinen Job. Das gilt auch für die Geschäftsleitung, die mit einem Micro-Management beim Produktmanagement bessere Ergebnisse für z.B. Businesspläne erreichen möchte. Aber keiner hat dem Produktmanagement gesagt, welche Informationen von ihm erwartet werden. Der Frust ist vorprogrammiert und die Akzeptanz in weiter Ferne.

Warum vertrauen die Schnittstellen und die Führung dem Produktmanagement so wenig? Hat das Produktmanagement überhaupt das Vertrauen in sich selbst? Sie ahnen es schon: Vertrauen fliegt Ihnen nicht wie eine Pusteblume entgegen. Vertrauen schaffen bedeutet Arbeit.

„Alles Reden ist sinnlos, wenn das Vertrauen fehlt" (Frank Kafka)

Sie können Vertrauen und Akzeptanz des Produktmanagements im Unternehmen mit fünf Methoden spürbar aufbauen:

1. Ihr Unternehmen, Geschäftsführer, Vorgesetzte oder HR, informiert intern über die Vorteile, Rolle und Aufgaben des Produktmanagements
2. Die Einführung des Produktmanagements ist ein Change-Management-Projekt. Es verändert die Denk- und Handlungsweise in vielen Abteilungen und benötigt daher Zeit, Marketing und Sensibilität bei der Einführung. Auch die anderen Abteilungen werden sich in ihren Aufgaben verändern, weshalb verständliche Informationen über den Nutzen und die Verantwortung des Produktmanagements in der Firma nötig sind
3. Die Produktmanager erhalten ausreichend Zeit, im Markt zu sein. Ein entsprechendes Reisebudget wird jährlich geplant
4. Die Produktmanager erhalten eine Plattform für ihre eigene Vermarktung, auf der sie von Erfahrungen, von ihren Markt- und Kundenwissen und von erfolgreichen Produktlaunches berichten
5. Die Geschäftsleitung unterstützt das Produktmanagement mit geeigneten Tools, Weiterbildung, Budgets und vor allem mit Rückendeckung, wenn sich traditionellere Abteilungen veränderungsresistent zeigen

So werden die Aufgaben und die Verantwortung sichtbar, das Marktwissen spürbar und das Produktmanagement wird als kompetenter Ansprechpartner für Marktwissen gefragt sein. Sie möchten wissen, wie lange das dauert? Bis die Produktmanager das erste Mal mit Marktwissen überzeugt haben: mit dem ersten Businessplan, bei der Erstellung eines Anforderungskataloges oder mit der Produktpositionierung.

Welche Massnahmen können Sie einleiten, um das Vertrauen zu steigern? Notieren Sie dies in als Aufgabe in Ihrem Kalender.

14. KENNZAHLEN FÜR PRODUKTMANAGER-LEISTUNGEN

Der Wert des Produktmanagements für ein Unternehmen wird deutlich unterschätzt. Bekannte Aussagen sind: „Produktmanager produzieren nur Papier und sind nicht produktiv", „Es ist nicht messbar, was sie leisten", „Ich seh' die Produktmanager nur PowerPoint-Präsentationen machen." Jede Firma, die ein Produktmanagement hat oder eines einrichten möchte, verfolgt das Ziel eines profitablen Produktportfolios. Wie gelingt es Ihnen, den Wert des Produktmanagements darzustellen?

Ein bewährtes Mittel, um Leistungen sichtbar zu machen sind Kennzahlen. Wir kennen diese z.B. aus den Abteilungen Produktion, Verkauf und Logistik. Warum gibt es noch keine Kennzahl für die Leistung des Produkt-managements? Kennzahlen zeigen auch hier die Stärken und die Schwächen auf und führen zu gezielter Förderung der „Produktmanager als Marktexperten." Verwenden Sie daher Kennzahlen, die nur durch den Produktmanager beeinflussbar sind. Aus diesem Grund erwähne ich nicht die üblichen Produktkennzahlen, wie Marge, Umsatz etc.

Tabelle 4: Kennzahlen zur Leistung eines Produktmanagers

Kenn-zahl	Inhalt	Mögliche Auswirkungen
Markt-Kompetenz	Zeit im Markt zu Gesamt-Arbeitszeit Anzahl geführter Kundeninterviews pro Monat	Besseres Wissen über Kunden und Markt, kundenorientierte Produkte, höhere Produktmarge Fakten über den Markt erhalten, weniger Fehlinvestitionen

Kennzahl	Inhalt	Mögliche Auswirkungen
Time-to-Market	Zeit von Idee bis zur Erstellung des Businessplanes, Anzahl Sitzungen zur Abstimmung mit der Entwicklungsabteilung	Schnellere time-to-Market, Wettbewerbsvorteil, mehr Umsatz zu früherem Zeitpunkt
Portfolioprofitabilität	Lagerumschlag pro Produkt, Anzahl Supportanfragen, Anzahl Garantieleistungen	weniger Kapitalbindung, zeitgerechte Produkteliminierung, Erhöhung Liquidität, freie Mitarbeiterressourcen
Kundenzufriedenheit	Zufriedenheit bei Produktschulungen, Profitabilität	Weiterempfehlungen, höhere Absatzzahlen, schnellere Amortisation

Diese Kennzahlen helfen, sowohl den Nutzen und Wert des Produktmanagers für die Unternehmensleitung und die Schnittstellen sichtbar zu machen, als auch eine Steuerung und Optimierung der Leistungen des Produktmanagements.

15. Die „Generation Y" tickt anders

Digital Natives sind alle jungen Menschen, die nach 1981 geboren und mit digitalen Medien gross geworden sind. Die Generation erhält mehr Aufmerksamkeit als Generation X, da sie mit einer anderen Kulturtechnik aufgewachsen ist. Die Generation X sind alle Menschen, die zwischen 1960 und 1980 geboren wurden. Es ist auch die Generation, die in stabiler Wirtschaft und ohne materielle Engpässe in der westlichen Welt gross geworden ist. Daher ist es nicht verwunderlich, dass Existenzbedürfnisse in akademischen Kreisen der Generation Y kaum eine Rolle spielen. In der Studie von Wagner „Vorsicht vor

Stereotypen - Was die Generation Y motiviert" wurde festgestellt, dass die Generation Y viel heterogener ist als angenommen.

Manchmal beschleicht mich das Gefühl, dass die Generation Y ein Medienprodukt ist. Denn wer kann sich nicht daran erinnern, was über die Generation der 80er Jahre alles gesagt wurde „Null-Bock Generation", „Dumm durch Fernsehen", „Sie konsumiert nur noch", „Sie ist nur an Geld interessiert." Für mich ist das wie ein Déjà-vu und ein Zeichen für Angst mit dem Umgang vor neuen Persönlichkeiten.

Die ersten Generation Y-Produktmanager stehen schon seit einigen Jahren mitten im Berufsleben. Mit den „alten Insignien der Macht", wie hohen Gehältern oder Boni, ist die Generation Y kaum mehr zu locken. Die 20- bis 30-Jährigen verändern den Vergütungsmarkt. Gemäss der Studie von Diehl 2014 „Klischées über die Generation Y gehen an der Realität vorbei" bei 1.000 Akademikern in Deutschland treten folgende Bedürfnisse und Werte am häufigsten auf:

- Selbstbestimmung
- Sicherheit
- gutes Arbeitsklima
- Wertschätzung
- Veränderung
- Mobilität
- Vertrauen
- Selbständigkeit
- sich wohl fühlen

Alle Studien, die ich zu diesem Thema gelesen habe, wurden mit Akademikern oder angehenden Akademikern durchgeführt. Meine Studenten der Generation Y, die produktionsnah tätig sind, sagen mir, dass Gehalt für sie durchaus ganz oben in der Liste steht.

Wenn Sie sich also nun in der anspruchsvollen Lage befinden, sich mit den Werten der Generation Y auseinanderzusetzen, weil sie einen jungen Produktmanager einstellen wollen oder einen Konflikt schlichten möchten, dann möchte ich Ihnen hier die Top sieben Motivationsfaktoren für die Generation Y nach Wagner mit auf den Weg geben:

1. Freude an der Tätigkeit
2. Weiterentwicklung
3. Sinnhaftigkeit der Arbeit
4. Monetäre Vergütung
5. Karrierechancen
6. Work-Life-Balance
7. Standort

Stellen Sie sich bei Bewerbungen eher auf individuelle Anstellungspakete ein und fragen Sie nach den persönlichen Wünschen.

Beachten Sie auch folgende Tipps im täglichen Umgang mit der Generation Y:

- klare Vorgaben, aber Freiheiten in der Erarbeitung
- besondere Wertschätzung der Leistung
- Flexibilität in der Arbeitszeit und -Umgebung
- gutes Arbeitsklima mit offener Kommunikation
- Vertrauen in die Arbeit

16. Sitzungen mit mehr Gewinn für Alle

Die Umfrage „Kommunikation im Produktmanagement" zeigt, dass die häufigste Kommunikationsart bei führungsverantwortlichen und Senior-Produktmanagern Sitzungen sind. Die Zufriedenheit liegt jedoch unterhalb von 50%. Dies gibt zu denken, denn 64% der Antworten besagen, dass sie im Bereich der Sitzungsleitung sehr erfolgreich sind. 67% der technischen Produktmanager wünschen sich hingegen eine Weiterbildung für die Sitzungsleitung. Wir können es drehen und analysieren wie wir wollen. Die 20 bis 30 Stunden in der Woche, die Produktmanager in Sitzungen verbringen sind nicht immer gut eingesetzt.

„Eine Besprechung ist eine Sitzung, bei der viele hineingehen und wenig herauskommt" (Werner Fitz)

In diesem Kapitel erhalten Sie Handwerkszeug, mit denen Sie Ihre Sitzungen zeitgerecht zu Ende führen und Ihre Sitzungsziele als Sitzungsleiter erreichen.

1. Bereiten Sie immer eine Agenda vor. Auch, wenn Sie spontan eine Sitzung halten müssen, können Sie sich über den Inhalt, die Reihenfolge und wichtigen Ergebnisse der Sitzung vorher Gedanken machen und diese auf einem Zettel oder Flip-Chart notieren. Eine übliche Agenda zeigt die Besprechungsthemen, zu treffende Entscheidungen, Verantwortliche und Zeitrahmen für die Besprechungspunkte. Eine Sitzung kann 15 oder 20 Minuten dauern. Es müssen nicht immer 60 Minuten angesetzt werden, nur, weil es so üblich ist. So viel Zeit wie nötig, aber auch nicht mehr als nötig.
2. Informieren Sie andere Vortragende frühzeitig über die verfügbare Zeit, Inhalt und Ziel der Information.
3. Informieren Sie sich im Vorfeld über die Charaktere, die teilnehmen und überlegen Sie sich, wie Sie mit Vielrednern, mächtigen Entscheidungsträgern, Schüchternen oder starken Alpha-Tieren umgehen. Wenn Sie z.B. neue Ideen suchen oder Budgets abschätzen und Sie haben Schüchterne und deren Vorgesetzte in der Sitzung, dann bieten sich verdeckte Abstimmungen oder Kreativitätsmethoden an.
4. Vielredner dürfen und müssen Sie freundlich unterbrechen. Sie können z.B. sagen „Herr Moltobene, vielen Dank für Ihre Ausführungen. Kommen Sie jetzt bitte auf den Punkt. In drei Minuten wenden wir uns dem nächsten Punkt zu." Eine andere Variante könnte

sein: „Ich sehe, Sie haben hier noch Informations- oder Klärungsbedarf. Dies können wir bilateral nach der Sitzung besprechen. Jetzt machen wir mit Punkt drei weiter."

5. Versenden Sie Dokumente zur Entscheidungsfindung oder Präsentationen im optimalen Fall mindestens vier Tage vor der Sitzung, damit sich die Teilnehmer vorbereiten.
6. Vermeiden Sie Unruhen und Störungen durch ein schlechtes Raumklima oder eine unpassende Infrastruktur, in dem Sie dies vor der Sitzung überprüfen und optimal einrichten.
7. Beginnen Sie die Sitzung mit einer freundlichen Begrüssung aller Teilnehmer. Informieren Sie über die Inhalte der versendeten Dokumente, denn nicht jeder wird sie gelesen haben.
8. Vereinbaren Sie Sitzungsregeln, wie z.B.: Wenn niemand vorbereitet ist, wird die Sitzung abgesagt. Ständig zu spät kommende Teilnehmer zahlen fünf CHF in eine Kasse. Mobiltelefone sind ausgestellt oder nicht auf dem Tisch etc. Solche Regeln sind für eine ruhige Sitzung und Ihre Zeiteinhaltung mitentscheidend.
9. Beenden Sie die Sitzung mit einem Dank für die Zeit und Mitarbeit und fassen Sie die wesentlichen Entscheidungen, offenen Punkte zusammen und sagen Sie, wann das Protokoll versendet wird. Schreiben Sie in jedem Fall ein Protokoll oder eine Notiz und informieren Sie über den Versandtermin und den Ablageordner. Protokolle haben schon so manchen Kopf aus der Schlinge gerettet und Zeit gespart, wenn ein Kollege kommt: „Wo finde ich denn...?"
10. Trotz aller Vorbereitungen und guten Sitzungsführungen, kann es aufgrund von falsch abgeschätzten Zeiten oder neuen Informationen dazu kommen, dass am Ende der Sitzungszeit noch Sitzungspunkte übrig sind. Fragen Sie die Teilnehmer

zuerst, ob die Sitzung verlängert werden kann. Wenn dies nicht der Fall ist, setzten Sie gemeinsam einen neuen Termin für die anstehenden Punkte fest und beenden Sie die Sitzung gemäss Punkt 9.

Diese Tipps klingen simpel und sie sind es auch. Das Geheimnis liegt in der konsequenten Anwendung und dem Mut, ausgetrampelte Wege zu verlassen und Neues auszuprobieren. Wenn Protokolle in Ihrer Firma nicht üblich sind, dann führen Sie diese ein. Sie haben keine Agenda? Erstellen Sie eine und versenden Sie diese per Email und zeigen Sie den Teilnehmenden den Vorteil dieser Veränderungen. Die Erfahrungen zeigen, dass jeder froh ist über Sitzungen mit Ergebnissen und gewonnener Zeit.

Wenn Sie nicht Sitzungsleiter sind, sondern als Teilnehmer an einer wieder einmal unbefriedigenden Sitzung teilgenommen haben, dann fragen Sie die Sitzungsleitung, ob Sie ein Feedback geben dürfen.

Nehmen Sie sich nun ein Post-IT zu Hand und schreiben Sie auf, welchen der hier genannten zehn Punkte Sie bei Sitzungen selber verbessern können. Kleben Sie es sichtbar an den PC oder erstellen Sie sich eine Aufgabe dazu im Kalender. Setzen Sie diese Verbesserungen bei der nächsten Sitzung direkt um.

17. MIT SCHWIERIGEN MITARBEITERN REDEN

In der Umfrage „Kommunikation im Produktmanagement" steht an vierter Stelle der häufigsten Kommunikationsart: „Kommunikation mit schwierigen Teammitgliedern" als wöchentliche Aufgabe. 55,6% der Teilnehmer waren Leitende oder Senior-Produktmanager. Doch wie definieren sie schwierige Teammitglieder? Langjährige Mitarbeiter mit Tunnelblick? Teammitglieder, die oft zu spät kommen? Ein Generation Y-Mitarbeiter, der ein anderes Bedürfnis im Arbeitsumfeld hat als Sie?

Als „schwierig" empfinden wir ganz allgemein gesagt Angestellte, die

- ihre Aufgaben nicht erledigen
- nicht zufriedenstellende Leistungen erbringen
- Aufgaben oder Kommunikation verweigern
- eine hohe Motivation haben, die Leistungen jedoch nicht erbringen
- fehlende soziale Kompetenz zeigen

Die Kommunikation mit schwierigen Teammitgliedern scheint oft wie die Besteigung des Himalayas: Mühsam und man weiss nicht, ob man den Gipfel erreicht. Doch es lässt sich trainieren, den Gipfel zu erreichen. Sie benötigen nur die richtige Ausrüstung!

Ich beschreibe Ihnen vier Techniken, damit Sie Frust auf beiden Seiten abbauen. Sie können wieder eine positive und motivierende Teamatmosphäre herstellen, in der es sich leicht und gerne arbeiten lässt.

1. Schenken Sie Aufmerksamkeit

Analysieren Sie die Situation, in dem Sie auch die Perspektive des Teammitgliedes einnehmen. Fragen Sie konkret, was stört oder behindert und nach den persönlichen Zielen. Hören Sie aufmerksam zu. Eine Eigenschaft, die heute in der schnellen Zeit und mit den digitalen Medien immer mehr ins Hintertreffen gelangt. Dabei ist Aufmerksamkeit, das Interesse am Anderen und die Zeit, die Sie für ihn verwenden, häufig schon der Schlüssel zum Erfolg.

2. Kommunizieren Sie eindeutig

In Gesprächen mit Produktmanagern höre ich immer wieder, dass sie Aufträge erhalten, die Sie nicht verstehen. Sie interpretieren, was gemeint sein könnte und geben Vollgas und oft fahren Sie mit Vollgas an die Wand. Was für eine Verschwendung von Zeit und Energie! Die Konsequenz ist unausweichlich: Wenn die Leistung nicht stimmt, sind

Produktmanager und Führungskraft frustriert und es wird von „Inkompetenz" geredet. Daher ist mein Tipp: Nehmen Sie sich Zeit, um die Aufgabenstellung so präzise wie möglich zu stellen und seien Sie transparent mit den Hintergründen der Aufgabe. Fragen Sie nach, ob das Teammitglied die Aufgabe wirklich verstanden hat.

3. Geben Sie konstruktive Feedbacks

Eine wichtige soziale Kompetenz von Führungskräften ist das Feedback geben. Wenn Sie dem schwierigen Teammitglied für sein Verhalten oder eine Leistung ein Feedback geben, dann ist dies das wirkungsvollste und einfachste Mittel für seine persönliche Weiterentwicklung.

In Schulungen höre ich leider zu oft, dass Lob immer noch selten ist, denn „nicht geschimpft ist schon gelobt" Nein, das ist es nicht! Anerkennung ist wie Muttermilch für Babies: Sie stärkt unsere Abwehrkräfte und trägt zu unserer Entwicklung bei.

Es fällt vielen Menschen schwer zu sagen, wenn ihnen Verhalten oder Arbeitsleistungen Anderer persönlich missfallen. Wir haben oft Angst, dem Anderen auf den Fuss zu treten oder ihn zu verletzen, weil wir nicht gelernt haben, wie Rückmeldungen richtig gegeben werden. Feedbacks lauten nicht „Da sind viele Fehler drin. Überarbeiten Sie das." Niemand hört gerne Kritik dieser Art.

Feedbacks, die der Weiterentwicklung dienen, sind aus diesen Bausteinen aufgebaut:

1. Sie beginnen mit einer positiven Äusserung.
2. Sie beschreiben wertfrei die unzureichende Leistung oder das Fehlverhalten konkret mit einem Beispiel.
3. Sie sagen, was es in Ihnen ausgelöst hat. Daher sprechen Sie in der Ich-Perspektive.
4. Sie zeigen Möglichkeiten zur Verbesserung auf.

5. Sie beenden das Gespräch mit einem freundlichen und motivierenden Abschluss, der auf Wohlwollen Ihrerseits schliessen lässt.

Das oben genannte Beispiel könnte für ein Feedback wie folgt aussehen. „Vielen Dank, dass Du mir die Arbeit termingerecht zugesendet hast. Ich habe gesehen, dass in dem Businessplan noch Flüchtigkeitsfehler und die Grafiken zum Teil nicht lesbar sind. Daher hatte ich Mühe, die Texte schnell zu lesen und zu verstehen. Ich gebe Dir bis übermorgen zur Nachbearbeitung Zeit. Wenn Du in den zwei Tagen noch andere wichtige Termine hast, so können wir diese jetzt gemeinsam priorisieren. Zugegebenermassen dauert die zweite Version etwas länger, doch der Mitarbeiter hat keine verbale Backpfeife erhalten, wurde nicht bewertet, sondern wertgeschätzt und weiss genau, was zu tun ist. Das sollte Ihnen zwei Minuten Ihrer Zeit wert sein.

4. Integrieren Sie das Teammitglied in die Lösungsfindung

Sie haben in der Regel erwachsene und gesunde Menschen im Gespräch, die selber Verantwortung übernehmen möchten. Daher fragen Sie das Teammitglied, welche Lösung optimal wäre und was es selbst zur Verbesserung beitragen kann. Wenn Sie Glück haben, liegt diese Lösung genau auf Ihrer Linie, aber mit einem grossen Vorteil: Der Mitarbeiter hat diese Lösung selber gebracht und wird sich verantwortlich fühlen, diese auch umzusetzen. Es ist keine Lösung, „die von oben kommt."

Wenn Sie nun erleben, dass es im Team wieder entspannt ist, Meinungen offen geäussert werden und ein respektvoller Umgang an der Tagesordnung ist, dann haben Sie Ihre Führungsaufgabe mit Bravour erledigt. Sie, das Teammitglied und das Team werden froh sein, um die wiedergewonnene gute Stimmung und Leistung.

18. „Schwierige" Mitarbeiter erkennen

Im vorherigen Kapitel haben Sie erfahren, wie Sie mit schwierigen Mitarbeitern oder Teammitgliedern umgehen. Doch wie äussert sich das Bild eines „schwierigen" Mitarbeiters? Wir alle besitzen Persönlichkeiten, die je nach Umfeld als „schwierig" empfunden werden können. Die einen oder anderen werden im Team als schwierig empfunden, wenn sie die Kommunikation lähmen oder in eine nicht gewollte Richtung führen, Situationen hinterfragen oder zu laut sind. Die Definition von „schwierigen" Teammitgliedern oder Mitarbeitern ist stark vom Auge und Ohr des Betrachters und seiner eigenen Persönlichkeit abhängig.

Im Folgenden möchte ich Ihnen dennoch typische als „schwierig" bezeichnete Persönlichkeits-Typen aufzeigen. Sollten Sie diesen begegnen, so haben Sie jetzt Handlungsoptionen zur Hand, um ein harmonisches Arbeitsumfeld im Berufsalltag zu ermöglichen.

Tabelle 5: Verhalten und Umgang mit schwierigen Stereotypen

Typ	Verhalten	Handlungsoptionen
Nörgler	Stellt Probleme und Schwierigkeiten in Vordergrund.	Geben Sie ein konstruktives Feedback. Integrieren Sie den Nörgler in die Lösungsfindung und übertragen Sie Verantwortung.
Narzisst	Sehr selbstbewusstes, teilweise arrogantes Auftreten, welches das ICH in den Vordergrund stellt.	Geben Sie konstruktives Feedback über das Verhalten. Sorgen Sie für Erfolgsgeschichten von anderen Mitarbeitern. Delegieren Sie Aufgaben, in dem das narzisstische Mitglied, Leistungen von Anderen anerkennen muss.
Helferlein	Sie sind freundlich und sozial eingestellt. Sie können nicht „nein" sagen und schaffen ihre Arbeit nicht.	Geben Sie Prioritäten vor und setzen Sie Zeitlimits, die Sie auch überprüfen. Informieren Sie über die Auswirkungen, sich immer für alle einzusetzen.
Deprimierte	Pessimismus ist an der Tagesordnung. Die Welt ist schlecht, nichts gelingt und Vieles macht auch keinen Spass.	Nehmen Sie sich Zeit für ein Gespräch und finden Sie die Gründe heraus. Treffen Sie gemeinsam Vereinbarungen, die zu einer erhöhten Motivation und mehr Spass führen. Integrieren Sie das Teammitglied in positive Ereignisse.
Fordernde	Anerkennung ist wichtig. Kritisch gegenüber Leistungen Anderer, oftmals ohne erkennbaren Grund übel gelaunt.	Seien Sie emphatisch, denn dieser Typ ist sehr unsicher und sucht Bestätigung von aussen. Geben Sie anspruchsvolle Aufgaben und Projekte, mit denen er/sie sich profilieren kann.

19. Konfliktmanagement – Gewitter bereinigen

Als Führungskraft können Sie sich Ihre Mitarbeiter im Produktmanagement via Stellenausschreibung vielleicht aussuchen, nicht jedoch Ihre Vorgesetzten und die Kollegen an den umfangreichen Schnittstellen. Im Gegensatz zu unserem Privatleben haben wir keine Partnerwahl und es wird von uns erwartet, dass wir mit den Anderen gut zurechtkommen. Da die Arbeitswelt gefüllt ist mit den buntesten Persönlichkeiten, Bedürfnissen und Ansprüchen kommt es hin und wieder zu Konflikten. Das ist normal. Ein Konflikt kann wie ein Gewitter sein. Er meldet sich an und bereinigt nach grossem Getöse die Luft. So dürfen Sie es auch sehen.

Sie stellen fest, dass ich hier Konflikte benannt habe, die auf zwischenmenschlichen Ursachen beruhen. Natürlich können Konflikte auch durch die Art und Anzahl der Aufgaben, Organisationsveränderungen et cetera entstehen. Doch die meisten Konflikte, die ich erlebt oder miterlebt habe, sind zwischenmenschlicher Art.

Das Wichtigste in einem Konflikt ist, diesen zu erkennen und zeitnah zu lösen. Gepflegtes Wegschauen ist selten eine gute Lösung, denn aus einem Schwelbrand soll kein Grossfeuer werden. Versuchen Sie also nicht, Konflikte zu negieren oder zu vermeiden, denn das Ignorieren kommt als Bumerang zu Ihnen zurück: als Leistung, die nicht erfüllt wird, schlechte Stimmungen, Abwesenheit oder Kündigung.

> *„Wenn einer nicht mehr mit dir redet, dann will er damit etwas sagen"* (Joachim Panten)

Zeigen Sie Courage und sprechen Sie Konflikte offen an und gehen Sie systematisch in dem Konfliktgespräch vor. Es heisst deswegen Gespräch, weil diese Art der Kommunikation nicht per Email erfolgen sollte. Nach einem Konfliktgespräch werden Sie in der Regel feststellen, dass Sie und der Mitarbeiter oder Kollege sich wieder mit mehr Leichtigkeit in die Augen schauen.

Sie werden beide froh und dankbar für diese positive Entwicklung sein.

So erkennen Sie mögliche Konflikte:

- vermehrtes Schweigen
- häufige Abwesenheit in Sitzungen
- Krankmeldungen
- Resignation
- erhöhter Formalismus oder Überanpassungen
- lästern und/oder Gerüchte verbreiten
- aggressives Verhalten
- Rechthaberei und/oder häufiges Widersprechen
- Probleme beschwichtigen

Sechs Leitfragen helfen Ihnen, sich auf ein Konfliktgespräch vorzubereiten:

1. Um welchen Sachverhalt oder welches Verhalten geht es?
2. Was passiert aktuell?
3. In welcher Beziehung stehen Sie zueinander?
4. Wie fühlen Sie im Moment?
5. Was ist nicht akzeptabel?
6. Welche Veränderung möchten Sie erreichen?

Für ein erfolgreiches Konfliktgespräch

- Wählen Sie den richtigen Zeitpunkt, jedoch nicht am Montagmorgen oder Freitagnachmittag.
- Bereiten Sie sich vor
- Hören Sie den Ausführungen des Anderen gut zu
- Zeigen Sie Respekt und nehmen Emotionen heraus.
- Fokussieren Sie sich auf die Zukunft und Lösungen.
- Begrenzen Sie die Zeit auf 20 bis 30 Minuten.

Kennen Sie Konfliktgespräche aus eigener Erfahrung? Wie haben Sie sich dabei gefühlt? Reflektieren Sie was gut oder weniger gut in diesem Gespräch gelaufen ist und lesen Sie dann weiter.

Tabelle 6: Konfliktgespräch in fünf Stufen

Stufe	Inhalt	Beschreibung
Stufe 1	Ihr Anliegen	Informieren Sie Ihre eigenen Ziele und Wünsche transparent und verständlich und zeigen Sie ggf. Ihren Veränderungswillen. Weisen Sie auf Konsequenzen hin, falls Änderungen nicht eintreten.
Stufe 2	Ihr Ziel	Hören Sie aufmerksam zu, was der Andere sagt und wie sein Verhalten dabei ist. Bewerten Sie die Äusserungen nicht. Klären Sie jedoch Inhalte, die für Sie unklar sind und fragen Sie nach Lösungsvorschlägen.
Stufe 3	Gemeinsamkeiten finden	Welche gemeinsamen Ziele verfolgen Sie beide für das Unternehmen, in der Abteilung oder im Projekt?
Stufe 4	Lösungen suchen	Finden und diskutieren Sie Lösungen, die auf Bedürfnisse und Wünsche beider Parteien eingehen. Lassen Sie sich zu keinen „faulen Kompromissen" hinreissen, denn dann ist der Konflikt nicht gelöst.
Stufe 5	Aktivitäten vereinbaren	Schreiben Sie die Lösung und deren Umsetzung mit einem definierten Termin auf. Sie können Sich an dem Termin dann zu zweit freuen oder einen Mediator hinzuziehen, wenn die Verbesserung ausgeblieben ist.

III. KUNDENORIENTIERTE KOMMUNIKATION

20. ZUHÖREN ERHÖHT INFORMATIONSGEWINN

„Frau Laubner, können Sie das bitte noch einmal wiederholen? Ich habe das gerade nicht mitbekommen!" Es ist auch wirklich schwierig - denke ich bei mir - via WhatsApp Witze zu versenden und gleichzeitig, einem Produktbriefing zu lauschen. Wenn Ihnen interne oder externe Kunden nicht aufmerksam zu hören, dann kostet Sie das wertvolle Zeit, die Informationen noch einmal zu erzählen. Und wenn Sie ehrlich sind, dann nervt das ganz schön.

Als Produktmanager sind Sie auch oft in der Situation des Zuhörers. Sie werden zu vielen Sitzungen eingeladen und Sie sprechen mit Kunden. Wenn Sie ein guter Zuhörer sind, dann können Sie den Inhalt des Gesagten wiedergeben, adäquate Antworten geben oder weiterführende Fragen zum Thema stellen. Das bedingt, dass Sie sich ganz dem Redner widmen und ihm zuhören. Damit ist nicht gemeint, dass Sie hören, was er sagt oder einfach zuhören, dass etwas gesagt wird. Nein, Sie sollten mit jeder Nervenzelle Ihres Körpers aufnehmen, was Ihnen gerade vermittelt wird. Am besten zeigen Sie während des Zuhörens Ihrem Gegenüber, dass es für Sie im Moment nur seine Information gibt.

Und so gelingt Ihnen das Zuhören:

- Wenden Sie sich in Ihrer Körperhaltung dem Anderen zu.
- Zeigen Sie eine offene Mimik und Gestik.
- Lassen Sie den Anderen ausreden.
- Erkennen Sie, was die Körpersprache, Mimik und Gestik aussagt.
- Bestätigen Sie gelegentlich, dass Sie zuhören, z.B. mit einem Nicken oder mit einem „Ja" oder „Ich

verstehe" oder mit einer Frage „Können Sie das noch näher erklären?"
- Machen Sie sich Notizen.
- Schalten Sie jegliches digitale Medium aus.
- Legen Sie das Mobiltelefon aus Ihrer Sichtnähe.
- Fragen Sie nach, wenn Ihnen etwas unklar ist.

Wenn Sie sich als Produktmanager die Fähigkeit aneignen, aktiv zuzuhören, werden Sie bei Kunden, Partnern und Kollegen an Sympathie gewinnen und viele wertvolle Informationen für neue Produkte oder Produktverbesserungen erfahren.

Optimieren Sie nun Ihre Aufmerksamkeit, in dem Sie sich maximal drei der oben genannten Punkte heraussuchen, die Sie selber in Ihrem Verhalten sofort ändern können.

21. PRODUKTMANAGER GEWINNEN MARKTWISSEN

In meinen Schulungen zum zertifizierten Produktmanager sind Kundengespräche die zentrale Informationsquelle für Fakten, die in Businessplänen, Anforderungskatalogen und Marketing-Kommunikation angewendet werden. Diese Kundengespräche führt jedoch nicht der Vertrieb, sondern der Produktmanager. Er ist als Vertreter des Marktes in der Verantwortung, die richtigen Produkte mit seinem Team zu gestalten und benötigt daher Marktwissen aus erster Hand.

Doch Gespräche zeigen, dass Produktmanager, sich nicht die Zeit nehmen oder diese bewilligt bekommen, um das Ohr am Markt zu haben.

In der Ausbildung zum zertifizierten Produktmanager werden daher Kundengespräche geschult. So werden erste Erfahrungen in geschützter Atmosphäre gemacht. Die meisten Produktmanager sagen anschliessend, dass sie direkt in Lösungen zu denken und diese dem Kunden mitteilen. Sie stellen auch immer wieder fest, dass sie gar nicht nachhaken, was der Kunde genau gesagt hat. Sie haben sich nämlich nicht auf die Aussagen des Kunden konzentriert. Letzteres ist auch nicht möglich, wenn das Gehirn auf Lösungssuche programmiert ist. Erfreulicherweise erkennen alle Teilnehmer, dass die wichtigen W-Fragen geübt werden können, um ein Gespräch zu leiten und viele Informationen daraus zu erhalten.

„There is nothing you can't get, when you are asking in the right way!" (Ivor Spencer, International School for Butlers)

Worauf kommt es in Kundeninterviews an:

1. Setzen Sie sich ein Gesprächsziel und einen Zeitrahmen.
2. Informieren Sie den Kunden über Zweck und Zeit des Gespräches.
3. Nehmen Sie Ihre vorbereiteten Fragen mit.
4. Achten Sie darauf, dass Sie Fragen nicht wie eine Checkliste abhaken, da dies den Gesprächsfluss lähmt und den Kunden irritieren kann.
5. Stellen Sie offene W-Fragen: Wie wenden Sie unser Produkt an? Welche Probleme treten bei der Anwendung auf? Welche Eigenschaften könnte das Produkt verbessern, damit Sie mehr Zeit oder Geld sparen? Warum haben Sie sich für das Mitbewerber-Produkt entschieden? Wenn Geld keine Rolle spielt, wie würden Sie die optimale Lösung sehen? Weshalb erreichen Sie die gewünschten Stückzahlen mit unserem Produkt nicht?
6. Bitten Sie den Kunden typische Anwendungsfälle zu beschreiben.
7. Hören Sie aufmerksam zu und fragen Sie nach, wenn der Kunde Ihnen Informationen schenkt, die auf neue Probleme oder Unzulänglichkeiten hinweisen.
8. Stellen Sie ggf. Fragen, wenn Sie etwas nicht verstanden haben.
9. Vermeiden Sie suggestives Fragen, d.h. Sie stellen Behauptungen auf und formulieren diese als Fragen, z.B. „Sie sind sicherlich auch der Meinung, dass die neue RFID-Technologie, die beste Lösung für das

Problem ist?" Versuchen Sie jede Art von Beeinflussung im Gespräch zu vermeiden.

Eine weitere Hürde, die Produktmanager mir nennen, ist der Vertrieb. Der Vertrieb ist besonders bei erklärungsbedürftigen Produkten mächtig. Er möchte „seine" Kundendaten nicht herausgeben und er möchte Produktmanager nicht alleine zu „seinen" Kunden gehen lassen.

Auch diese Hürde lässt sich galant nehmen, wenn Sie dem Vertrieb die Vorteile aufzeigen:

- Sie überprüfen nicht ihn, sondern wie die Produktleistung und die zur Verfügung gestellten Marketing- und Verkaufsmaterialien vom Kunden verstanden werden.
- Sie möchten den Kunden und seine Bedürfnisse verstehen, um Produkte zu gestalten, die sich leichter verkaufen.
- Sie möchten herausfinden, wie und ob Produkte noch benötigt werden, um ein profitables Produktsortiment zu ermöglichen.

Wenn er Sie jetzt immer noch nicht „alleine" laufen lässt, so bitten Sie ihn, bei den ersten Gesprächen dabei zu sein. Ich habe noch keinen Vertriebsmitarbeiter erlebt, der das abgelehnt hat. Was ich hingegen häufig erlebe, sind Vertriebsmitarbeiter, die erstaunt waren, was Kunden alles sagen, wenn es nicht um den Verkauf geht.

Informationen zu Kundenwünschen und Anwendungsproblemen finden Sie jedoch nicht nur in Gesprächen beim Kunden vor Ort, sondern auch auf Messen, bei Schulungen, in Erfahrungsgruppen oder an runden Tischen. Auch Supportanfragen, Zufriedenheitsumfragen, Qualitätsberichte oder Garantieauswertungen geben Ihnen Informationen direkt aus Kundenhand. So bauen Sie sich das Marktwissen auf, das von Ihnen erwartet wird.

Nehmen Sie sich die Zeit und besprechen Sie mit einem Ihnen wohlgesinnten oder offenen Vertriebskollegen Ihr neues Vorgehen und üben Sie Ihre Argumentation. Informieren Sie auch Ihre Führungskraft, damit niemand erstaunt ist, was Sie da tun.

22. EXAKTE KUNDENANFORDERUNGEN REDUZIEREN KOSTEN

In den Schulungen nach dem Open Product Management Workflow™ werden Produktmanager aufgefordert, eine Spezifikation für ein bestimmtes Produkt zu erstellen. Dabei schreiben 90% folgende Kundenbedürfnisse auf:

- leichter im Gewicht
- benutzerfreundlich
- modern
- nachhaltig

Das sind Anforderungen, wie sie Entwicklungs- oder Einkaufsabteilungen täglich erhalten. Jetzt setzen Sie einmal den Hut eines Entwicklers oder Einkäufers auf. Sofort werden Ihnen die Fragen in den Kopf schiessen: „Was heisst leichter im Gewicht? Was will er denn benutzerfreundlicher? Und was bedeutet für uns modern?"
Genauso geht es dem armen Entwickler oder Einkäufer auch. Nicht nur Produktmanager sind bemitleidenswert, wenn Sie sich Neuheiten aus dem Ärmel ziehen müssen, ohne die echten Kunden- und Marktprobleme zu kennen, sondern auch die Entwickler, die Sie mit solchen „Kundenanforderungen" mehr ins Dunkel schieben, als Ihnen Erleuchtung bringen.
So sieht die Eskalationspyramide der diffusen Anforderungen aus:

- Der Entwickler beginnt nicht, an einer Lösung zu arbeiten.
- Sie erhalten eine neue Sitzungseinladung zur Klärung.

- Der Entwickler gestaltet die Funktionalität nach bestem Wissen und Gewissen und seinen eigenen Erfahrungen.
- Es werden unzählige Muster beschafft, die später keine Verwendung finden.
- Es gibt viele Statussitzungen, in denen über den Kundennutzen diskutiert wird.
- Gezielte Marketing-Kommunikation ist nicht möglich.
- Kunden verstehen und kaufen das Produkt nicht.
- Nicht erreichte Unternehmensgewinne gefährden Arbeitsplätze.

„Do-it-right-the-first-time" gilt auch für die Prozesse im Produktmanagement. Wenn Sie den Auftrag erhalten, „mal eben" ein Lastenheft abzugeben nur, damit dieses Arbeitspaket erledigt ist, dann kommen Sie vom Regen nicht in die Traufe, sondern garantiert ins Hochwasser.

Die Weitergabe von präzisen Informationen und Aufträgen sorgt in den technischen Abteilungen genauso für ein zielorientiertes Arbeiten mit wenig Aufwand wie in Produktion und Logistik. Wenn Sie eine Produktbestellung durchführen, geben Sie auch Ihren Namen und die ausführliche Adresse an und lassen die Hausnummer und Postleitzahl nicht aus!

Daher definieren Sie ab morgen konkret, was ein leichteres Gewicht, benutzerfreundlich oder modern bedeutet. Zum Beispiel so:

<u>Leichteres Gewicht</u> = in Bezug auf Vorgängerprodukt, Mitbewerberprodukt oder einen anderen Gegenstand mit einem konkreten Gewicht

<u>Benutzerfreundlich</u> = mit einem Klick zum Kaufprozess oder ein Audiosignal, wenn die Maschine einen Fehler aufzeigt; die aktuelle Schriftgrösse um 50% erhöhen

In Kundeninterviews oder Anwendungsbeobachtungen finden Sie heraus, wann, wo und wie oft die Probleme auftreten. Diese können Sie in einem Anwenderszenario beschreiben, wie z.B.

„Max möchte jeden Morgen mit seinem E-Bike zur Arbeit fahren. Da sein Fahrrad im Keller steht, trägt er dieses jeden Morgen die Treppe hinauf. Er kann das 25kg schwere Bike nur mit viel Mühe hochtragen und hat sich auch schon seine Kleidung verschmutzt. Der Akku wiegt 6kg und kann abgenommen werden, aber dann muss er zweimal die Treppe hoch, was zu viel Zeit kostet. Max möchte ein E-Bike, das mit Akku nicht mehr als 10kg wiegt."

Jetzt kann der findige Entwickler nach einer passenden Lösung für die Persona Max suchen.

Und es wird noch besser:

Die Testabteilung ist in der Lage, anhand dieser Beschreibung, Qualitätskriterien und Testverfahren zu definieren. Im Test kann sie feststellen, ob die Entwicklung das Kundenproblem löst.

Das Dokumentieren der präzisen Kundenanforderungen benötigt Zeit. Daher ist es empfehlenswert für Standardisierungen zu sorgen, um das Rad nicht immer neu erfinden. Standardisierungen sind z.B. möglich für interne Richtlinien, DIN oder gesetzliche Grundlagen.

Nun habe ich noch eine wichtige Aufgabe für Sie: Nehmen Sie ein aktuelles Lastenheft, Produktspezifikation oder den nächsten Businessplan zur Hand. Lesen Sie diese noch einmal durch, markieren Sie alle Inhalte, für die Fakten oder präzise Kundenanforderungen fehlen. Was leiten Sie selber für Verbesserungen für Ihre Arbeit ab?

23. KUNDENANFORDERUNGEN PRIORISIEREN

Wie finden die Kunden- und Marktanforderungen Eingang in das neue Produkt? In kaum einem Buch über Produktmanagement wird gesagt, wie Produktanforderungen beschrieben und bewertet werden sollen. Doch wer sagt Ihnen als technischer Produktmanager oder Product Owner wie das funktioniert?

Bei der Swiss Product Management-Studie 2014 wurde herausgefunden, dass Firmen, die eine zweistellige Umsatz- und Gewinnentwicklung sowie einen kontinuierlichen Ausbau ihrer Marktanteile verzeichnen, das Verständnis von Kundenbedürfnis und Kundenverhalten als grössten Erfolgsfaktor sehen.

In den vielen Sitzungen erlebe ich hingegen, dass Produktanforderungen am meisten nach den folgenden Kriterien definiert werden:

- Ein wichtiger Händler benötigt diese Funktion.
- Der Vertrieb sagt, er kann das neue Produkt ohne diese Funktion nicht verkaufen.
- Die Konkurrenz hat das auch.
- Die Funktion ist "State of the art."
- "Ich weiss, was unsere Kunden wollen."
- Studien haben gezeigt, dass...
- Nach meiner Erfahrung brauchen wir...

Fällt Ihnen etwas auf? Es wird kaum gesagt, dass viele Kunden ein gemeinsames Problem haben und die neue Funktion zur Lösung beiträgt. Fakt ist jedoch, dass weder der Vertrieb noch der Händler ein Produkt verkaufen werden, wenn der Kunde es nicht benötigt.

Die traumhaften Verkaufszeiten sind vorbei, in dem Kunden mit glänzenden Augen jedes neue Produkt eingekauft haben. Kunden im B2B- und B2C-Umfeld sind besser informiert denn je und lassen sich umfassend online und offline beraten. Daher sind Firmen, die erfolgreich sein wollen, darauf angewiesen, Produkte zu entwickeln, die die Erwartungen der Kunden erfüllen. Wenn die neue Funktion, keine Probleme löst und keine für den Kunden relevanten Verbesserungen bringt, werden wertvolle Mitarbeiterstunden und Unternehmensgelder zum Fenster hinausgeworfen.

Ich möchte Ihnen noch ein paar Argumente geben, warum es nicht wirtschaftlich ist, auf Wunsch eines einzelnen Vertriebsverantwortlichen ein neues Produkt oder eine Produktoptimierung vorzunehmen, es sei denn sie sind im Projektgeschäft tätig und erfüllen Kundenaufträge:

Warum ist es für ein Unternehmen nicht sinnvoll, die Wünsche eines einzelnen Kunden zu erfüllen:

1. Die Entwicklung wird mit nicht-geplanten Aufgaben belastet.
2. Das neue Produkt verhindert termingerechte Auslieferung anderer Produktentwicklungen.
3. Das Produkt muss umfangreich dokumentiert werden.
4. Das neue Produkt muss in Entwicklung, Vertrieb, After Sales, ERP, Qualitäts- und Releasemanagement gepflegt werden.
5. Die Lagerhaltungskosten sowie Einkaufskosten können steigen.
6. Produktmanagement verwaltet zusätzliche Produkte.
7. Der Kunde ist nicht bereit, den Aufwand über den gesamten Lebenszyklus zu bezahlen.

Sie sehen, dass dieser Vertriebswunsch weitreichende Konsequenzen hat. Daher ist es Ihre Aufgabe, im Markt zu überprüfen, ob das gleiche Problem bei mehreren Kunden besteht. Wenn es sich für die Firma lohnt, in die Lösung dieses Problem zu investieren, dann erstellen Sie einen Businessplan und gehen strategisch vor, um das richtige Produkt zu entwickeln. Nach der festgelegten Produktstrategie, können dann die Produkteigenschaften geplant werden.

Eine Schulungsteilnehmerin sagte neulich zum Thema Produktanforderungen: „Dieses ‚Feature-Fucking' macht mich wahnsinnig. Es löst nicht die eigentlichen Probleme unserer Kunden." Eine Aussage, die so und in ähnlicher Form oft zu hören ist. Ohne Kundenwissen füttern Sie die Geldvernichtungsmaschine mit

- zahllosen Sitzungen, mit Diskussionen um Annahmen, was der Kunde will
- Zeiten für hinausgezögerte Entscheidungen
- unnötigen Designs, Muster und Prototypen

Machen Sie es lieber wie die Pilatus Flugzeugwerke AG in Stans (CH). Sie haben vor vielen Jahren begonnen, die 1.300 Kunden des PC-12 zu fragen, wo sie aktuelle Probleme haben, wo sie die Herausforderungen der Zukunft sehen und was das optimale Flugzeug der Zukunft sein könnte. Dabei haben sie herausgefunden, dass grössere Distanzen in kürzerer Zeit zurückgelegt werden müssen und die Jets vor allem auf kurzen Pisten landen und sowohl Passagiere als auch Fracht laden können sollen. 2015 flog ihr erstes Düsenflugzeug mit 17 Meter Länge über die Zentralschweiz und wurde so einem breiten Publikum vorgestellt. Binnen zwei Tagen wurden 84 Düsen-Jets zu einem Preis von je 8,9 Millionen Dollar bestellt.

Wie hat der traditionelle Propeller-Flugzeugbauer so viele Kunden begeistert?

Für Produkte, die reelle Probleme für Kunden lösen und echten Mehrwert bringen gibt es nur eine Lösung:

Sie als Produktverantwortlicher benötigen Marktwissen.

Die Informationen aus Kundeninterviews verwenden Sie auch für die Kommunikation mit der Entwicklungsabteilung: In Form eines priorisierten Anforderungs-Kataloges.

Bevor ich Ihnen die Formel zur Priorisierung mitteile, die Ihnen zukünftig den Alltag erleichtern werden, teile ich mit Ihnen die typischen Methoden, um Produktanforderungen zu priorisieren:

- Bauchgefühl
- „Der Chef hat das gesagt."
- Aufwand- und Kostenabschätzungen
- Möglicher Ertrag
- Dringlichkeit durch Supportanfragen

- Wer am lautesten schreit

Ich wette, Sie haben am Anfang der Liste geschmunzelt, dann genickt und beim letzten Aufzählungspunkt überlegt, wer das ist. Verzweifeln Sie nicht, denn so wird in vielen Firmen priorisiert.

Hier ist Ihre Lösung:

Definieren Sie mit der Geschäftsleitung Kriterien für die Wichtigkeit der Entwicklung, z.B.

Gesetzliche Anforderung = Gewichtung 99
Entscheidendes Kaufkriterium für evaluierende Kunden = 3
Potenzieller Kunde verliert Zeit, Geld, Image = 2
Bestandskunde kann seine Ziele nicht erreichen = 1
Nice to have = 0

Diese Kriterien multiplizieren Sie mit den Antworten aus den Interviews und erhalten eine Prioritätenliste mit Kundenfokus.

Tabelle 7: Priorisierte Anforderungsliste nach Open Product Management Workflow™

Anforderungen (gelöste Marktprobleme)	Wichtig	Häufig	Priorität
Wenig CO_2-Emissionen	99	5	495
Realtime-Stop per SMS	3	20	60
WLAN- Zugang	2	30	60
Telefonbetreuung 24/7	2	25	50
Grosser Screen	1	15	15

Diese marktorientierte Funktions-Häufigkeits-Tabelle ist optimal, um Priorisierungen transparent zu gestalten und die typischen Bewertungsvorgehen aus der Entwicklung zu verbannen.

Einige Geschäftsführer möchten in diesem Bewertungsschema zusätzliche firmenspezifische Kriterien integrieren, wie z.b. Kosten, Entwicklungsaufwand, Innovation etc. Dies können Sie in der Formel für die Priorität berücksichtigen.

Angenommen Sie erhalten den Auftrag für ein B2B-Produkt diese Liste um die Kriterien „Innovation (I)" und „Entwicklungsaufwand (E)" zu erweitern, dann vergeben Sie für jedes zusätzliche Kriterium einen Punkt. Die Priorität errechnet sich dann wie folgt:

Wichtigkeit*Häufigkeit*(1+I+E) = Priorität

Tabelle 8: Erweiterte priorisierte Anforderungsliste

Anforderung (gelöste Marktprobleme)	Wichtig	Häufig	I	E	Priorität
Wenig Co2-Emissionen	99	5		1	990
WLAN-Zugang	2	30	1	1	180
Realtime-Stop per SMS	3	20	1		120
Telefonbetreuung 24/7	2	25			50
Grosser Screen	1	15	1		30

Diese Prioritätenliste zeigt auf einen Blick und nachvollziehbar, auf welches Marktproblem der Entwickler sich konzentrieren darf.

Besprechen Sie diese Vorgehensweise mit Ihrer Führungskraft und der Entwicklungsleitung und zeigen Sie die Vorteile auf. Organisieren Sie eine Sitzung, in der Sie die neue Methodik vorstellen und führen Sie ein Brainstorming für

"unternehmerische" Kriterien durch.
Was machen Sie nun, wenn diese Methodik abgelehnt wird? Arbeiten Sie nach der einfachen Priorisierung wie Sie sie in Tabelle acht finden. Die Vorteile aus der Anwendung dieser priorisierten Anforderungsliste werden Ihre Arbeit und die der Schnittstellen deutlich erleichtern.

24. „ZEIG MAL HER" - VISUALISIEREN FÜR BESSERE PRODUKTE

Von Katharina Brunner

Wer kennt nicht die ad hoc einberufenen Projektsitzungen? Die Nachtschichten in der Schlussphase einer Produktentwicklung? Die endlosen Änderungswünsche von diversen Stakeholdern? Ein gutes Mittel, um diesem Stress entgegenzuwirken, ist empfängergerechte, zielorientierte und rechtzeitige Kommunikation. Für Sie als Produktmanager ist vor allem ein gemeinsames Verständnis des zukünftigen Produkts wichtig.

„Prototyping" unterstützt dieses gemeinsame Verständnis in einem Produktentwicklungsteam besser als jede andere Methode. Ein Produkt zu visualisieren hilft allen Beteiligten in jeder Entwicklungsphase, eine gemeinsame Basis zu finden und vom gleichen zu sprechen. Mit einem Prototyp werden Interpretationen und Annahmen aus dem Weg geschafft. So vermeiden Sie unnötige Diskussionen und falsche Entwicklungsschritte, die teuer sind und wertvolle Zeit verschwenden.

Vier Gründe für eine Visualisierung mit Prototypen

Das „Prototyping" ist in Ihrem Unternehmen noch nicht verankert? Hier sind vier Gründe, die für das Visualisieren sprechen:

1. Gemeinsame Visualisierungen oder eine Prototypen-Besprechung fördern die Zusammenarbeit im Team. Dokumentationen und Spezifikationen können

unterschiedlich interpretiert werden, aber ein Prototyp ist handfest.
2. Mit Prototypen kann einfach abgeschätzt werden, ob Features und Designs machbar und sinnvoll sind. Dies geschieht, *bevor* bereits etwas hergestellt wurde.
3. Ein Prototyp eignet sich bestens, um eine Idee zu verkaufen und auch skeptische Stakeholders ins Boot zu holen.
4. Ein Prototyp kann früh im Prozess von Endkunden getestet werden. So können Probleme mit der Benutzer-freundlichkeit erkannt und vor Produktauslieferung eliminiert werden.

Von grob zu fein
Visualisierung ist ein Prozess über mehrere Verfeinerungsstufen hinweg. Sie beginnt mit groben Skizzen, den Sketches, geht über detailliertere Wireframes und Mockups bis hin zu ausgefeilten Prototypen.

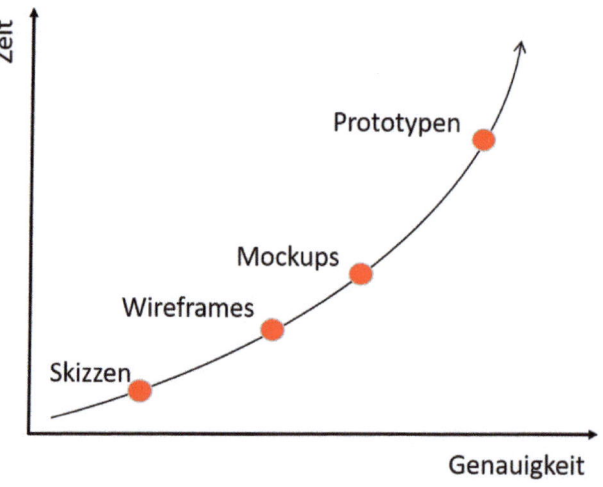

Zuviel Genauigkeit am Anfang einer Produktentwicklung ist Zeit- und Geldverschwendung. Das Zauberwort heisst hier Iteration:

Die ersten Designs und neuen Features werden anhand von einfachen Skizzen dargestellt. Diese Skizzen werden in mehreren Schleifen immer genauer.

Skizzen
In Kundengesprächen und für Innovationen bieten sich die einfachen Skizzen an. Skizzieren können Sie immer und überall. Es braucht nur Stift und Papier, eine Wandtafel oder Whiteboard, ein Tablet oder die sprichwörtliche Serviette oder den Bierdeckel. Speichern Sie diese Skizzen als Foto, denn irgendwann werden diese wieder benötigt.

Wireframes
Wireframes, CAD-Modelle oder Renderings, sind die nächste Stufe mit höherer Genauigkeit. Sie werden benutzt, um Strukturen und Inhalte grob abzubilden. Jedoch noch ohne detaillierte Funktionen. Wireframes können von Hand auf Papier oder bereits mit Hilfe einer Software erstellt werden.

Mockups
Mockups sind Modelle oder auch Imitationen des späteren Produktes. Sie zeigen das visuelle Design, aber noch ohne Interaktivität. Sie werden meistens in einem Prototyping-Tool erstellt und werden häufig für A/B-Tests verwendet.

Prototypen
Prototypen haben die höchste Genauigkeitsstufe. Sie bilden die Funktionalität des zukünftigen Produkts ab und eignen sich bestens für Usability-Tests. Mit ihnen ist ein echter „Proof of Concept" möglich. Sie sind das wichtigste Mittel für die Kommunikation im gesamten Entwicklungsteam und mit dem Kunden.

Für das Visualisieren von Produkten gibt es mittlerweile eine Vielzahl von Programmen, und fast wöchentlich kommen neue dazu. Eine Auswahl von Tools, die sich bewährt haben, finden Sie in der untenstehenden Liste.

Tabelle 9: Software-Tools für Prototyping (Auswahl)

Software	Vorteil	Nachteil
Präsentationssoftware (PowerPoint, Keynote u.ä.)	weit verbreitet einfach zu lernen	limitiert in Zusammenarbeit und Interaktivität
Keynotopia	Sammlung von Design-Vorlagen für PowerPoint oder Keynote für diverse Betriebssysteme	keine Interaktivität
Grafiksoftware (Photoshop, Sketch u.ä.)	verbreitet	braucht viel Knowhow, oft zu detailliert
Prototyping (Wireframes, Mockups) • Balsamiq • Mockups • MockFlow WireframePro	schnell erlernbar, viele Bibliotheken (Vorlagen), Export- und Präsentationsmöglichkeiten	limitierte Interaktivität
Prototyping (Prototypen) • Axure RP • UXPin • InVision • Proto.io	viele Vorlagen, oft mit Collaboration-Funktion, ermöglicht Interaktivität	komplexe Funktionalitäten, benötigt viel Lernaufwand

Lassen Sie sich als Produktmanager nicht beirren. In jeden Produktprojektplan gehören mehrere Prototyping-Schritte als Meilensteine, damit Sie anhand der Visualisierungen mit Ihrem Team und Stakeholdern diskutieren können. Ein Design-Mockup oder ein Prototyp kann leicht eine vierstellige Summe kosten. Wieviel kosten jedoch vier bis fünf Sitzungen mit acht

Teammitgliedern, Zeitverzug und die Entwicklung von falschen Funktionen oder Produktelementen? Sie werden mit Prototypen Ihre Produkte schneller in den Markt bringen, dabei kostengünstiger sein. Wenn Sie jetzt noch die Kunden in die Beurteilungen miteinbeziehen, dann konzentrieren Sie sich in der Entwicklung auf deren Bedürfnisse und lancieren echte kundenorientierte Produkte. Produkte, die der Kunde gerne kauft und weiterempfiehlt.

25. STORYTELLING: KUNDEN SÜCHTIG NACH PRODUKTEN MACHEN

Von Ludwig Lingg

Können Sie sich vorstellen, Ihren Zuhörern 80 Minuten lang 33 Funktionen und Nutzen-Demonstrationen Ihres neuen Produktes zuzumuten? Sind Sie überzeugt, dass Ihre Produktpräsentation Ihnen so gut gelingt, dass Ihr Videoclip über vier Millionen Mal bei Youtube geklickt wird? Was ist Ihre Antwort? Ja oder Nein? Steve Jobs schaffte dies bei seiner Iphone-Präsentation 2007!
In diesem Kapitel finden Sie den wichtigen Baustein für Ihre nächste Produktpräsentation: DIE STORY FÜR IHR PRODUKT.

Warum sind Business-Geschichten der Schlüssel zu einer überlegenen Kommunikation? Geschichten sind im Vergleich zu allen anderen Kommunikationsformen im Business wie PowerPoint-Präsentationen, Berichten, Analysen und Grafiken deutlich überlegen. Der US-Autor und Erzähler Kendall Haven untersuchte 350 wissenschaftliche Studien und fand heraus, dass es fünf Punkte gibt, die zur Überlegenheit von Geschichten führen.

1. Geschichten wecken mehr Interesse

Sie kennen dies aus Ihrem Alltag. Sobald jemand eine Geschichte mit Begeisterung, mit Herz und mit tiefen

Emotionen erzählt, hören Sie aufmerksam zu. Dazu hat die Hirnforschung herausgefunden, dass nicht nur Worte Zuhörer berühren, sondern auch Bilder, Emotionen und die Ansprache unserer Sinne. Gute Geschichten sind nachvollziehbar und berühren uns.

2. Geschichten bewirken ein besseres Verständnis

Steht Ihr Produkt für Qualität, dann lässt sich dieser Wert über eine Geschichte besser transportieren im Vergleich zur blossen Erwähnung des Wertes. Thomas Graf, Inhaber der Sani-Tech GmbH erzählt dazu einst eine Geschichte zu seinem obersten Gebot „Die Kunden sollen sich im Bad wohlfühlen." Eine ältere Dame wollte ein ausgesprochen exklusives Bad aus Marmor mit goldenen Hähnen in einem sehr kleinen Raum. Unter anderem mussten die Hähne sehr leichtgängig sein, weil die Dame nur noch wenig Kraft in den Händen hat. Wie er diese und weitere Probleme bewältigte, erzählt er in einer anschaulichen Geschichte, welche Sie auf der Homepage von Sanitech in den Referenzen finden können.

3. Geschichten besitzen einen eingebauten Appell

Fast 100'000 Jahre hatten Menschen nur ein Instrument, um ihre Erfahrungen mit den Stammesgenossen zu teilen. Je besser die Geschichten waren, die sie erzählten, um so grösser die Überlebenschance für die Stammesgenossen.
Gehirnforscher stellten fest, dass Geschichten implizit diesen Appell besitzen: Darüber nachzudenken, was bedeutet die Geschichte für mich.

4. Geschichten lassen sich leichter behalten

Woran erinnern Sie sich nach einer PowerPoint-Präsentation? Wenn Sie gut sind, dann erinnern Sie sich an den Titel, ein bis zwei Hauptpunkte und die Abschlussfolie.

Geschichten, die für Kunden einen Mehrwert haben, sind einprägsam. Oft bleiben uns Geschichten in Erinnerung, die wir nur einmal gehört haben, so z.B. erzählte mir der Unternehmer Matthias C. Mend vor zwei Jahren die Geschichte über ein spezielles Ritual in Passau, welches bei Hochwasser stattfindet. Ich hatte diese Geschichte nur einmal gehört, erzähle sie seitdem in meinen Vorträgen weiter.

5. Geschichten laden zum Weitererzählen ein

Gute Geschichten werden weitererzählt. Das ist Mundpropaganda vom Feinsten. Die Verkaufsmitarbeiter benötigen weniger Anstrengungen, wenn Ihr Produkt mit einer guten Geschichte von Kunden und Interessenten weitererzählt wird.
Wie finden Sie Geschichten für Produkte?
Sicherlich fällt es Ihnen leicht, Produkt- oder Servicemerkmale darzustellen. Viele Unternehmen hoffen immer noch, dass die Kunden das Produkt aufgrund dieser Eigenschaften kaufen. Leider erleben die gleichen Unternehmen, dass diese, oft technischen oder wenig verständlichen Eigenschaften, nicht zu den erwünschten Absatzzahlen führen.

Hier finden Sie vier Ideen für Ihre Produktgeschichten:

1. Erzählen Sie Ihre Business-Geschichte

Erzählen Sie von einem Aha-Moment. Erzählen Sie die Entstehungsgeschichte der Idee, die Geschichte über ein neues Bedürfnis oder ein Anwenderproblem.

Beispiel: Lattoflex, Deutschland
Der Videoclip zur Geschichte der Firma ist mit 22 Minuten Länge der gängigen Meinung nach in jedem Fall „viel zu lang" ist. Und doch ist dieser Clip von Anfang bis zum Ende spannend, unterhaltsam und keine Minute langweilig. Der Clip erzählt zuerst, warum gutes Schlafen für jeden Menschen wichtig ist.

Dann erzählt er die Firmengeschichte vom Unternehmensgründer bis zum Enkel, der heute die Firma leitet. Jeder wird als eigene Persönlichkeit mit Charakter dargestellt. Sympathie wird geweckt vom Erzähler und von den beschriebenen Persönlichkeiten. Es ist die Geschichte über die Entwicklung der ersten Lattenroste, der Höhen und Tiefen im Absatz und der Notwendigkeit, neue Wege zu gehen. Die Geschichte können Sie auf Youtube unter Lattoflex „Wie alles begann ansehen"

2. Erzählen Sie Kundengeschichten

Geben Sie die Geschichten weiter, wie Ihre Kunden das Produkt oder die Dienstleistung in Ihrem Leben nutzen.

Beispiel: Siemens, Deutschland
Siemens beweist das mit den Kurzfilmen im Rahmen Ihrer „Answers"-Kampagne. Die Idee hinter den mittlerweile mehr als 50 Kurzfilmen ist dabei immer die gleiche: Ein renommierter Dokumentarfilmer, der seinen Namen nie für PR- und Werbebotschaften hergeben würde, erzählt echte Geschichten von echten Menschen. Egal, ob es dabei um Alzheimerforschung in Kolumbien oder gemeinnützige Gärten in der New Yorker Bronx geht. Die Menschen und ihre Geschichten stehen im
Vordergrund. Erst ganz am Schluss des Videoclips erfährt der Zuschauer, um welches Produkt es geht. Eine der Geschichten finden Sie unter https://www.youtube.com/watch?v=DMU8-VpYDEM.
Schauen Sie sich auch an, was Siemens zu den Hintergründen der Videos zu deren Marketing-Kommunikation sagt:
https://vimeo.com/54593792

3. Erzählen Sie die Produktionsherstellung

Erzählen Sie eine unübliche, faszinierende oder zum Denken anregende Geschichte, nämlich wie Ihr Produkt hergestellt wird. Kinoliebhaber schätzen die „Making-of"-Filme. Sie sind beliebt und nicht mehr aus der Kinolandschaft wegzudenken.

Beispiel: Hornbach Hammer, Deutschland
Im Dezember 2012 hatte die Firma HORNBACH einen tschechischen Panzer gekauft. Die Einzelteile des Schützenpanzers wurden bei 1700°C zu einem Block aus 8,5t Stahl eingeschmolzen und zu 7000 Hammerköpfen verarbeitet. Jeder Hammer wurde in einer Box ausgeliefert, die den kompletten Herstellungsprozess illustriert. Jeder Hammer war mit einer Seriennummer für die limitierte Version versehen. Diese Geschichte finden Sie auf Youtube unter „Der Hornbach-Hammer aus Panzerstahl".

4. Erzählen Sie eine Geschichte zur Produktqualität
Zeigen Sie die Handwerkskunst, einen umweltschonenden Herstellungsprozess oder die erstklassigen Materialien, die Ihr Produkt vom Wettbewerb abheben. Die Geschichten rund um ein Produkt sind mit Augen und Ohren erlebbar.

Beispiel: Huber & Co. AG Bandfabrik, Schweiz
Die Huber Bandfabrik ist heute weltweit die Nr. 1 in der Produktion von Storen-Aufzugbändern. Die sogenannten Lamellenaufzugbänder, die Kernkompetenz der Bandfabrik, generieren 75% des Umsatzes. Im Videoclip erfährt der Zuschauer wie die Bänder hergestellt, veredelt und geprüft werden. Sie können den Videoclip in Youtube ansehen: https://www.youtube.com/watch?v=mHwvt2YOkll

Sie sehen, dass es wesentlich mehr Möglichkeiten gibt, Produkte zu vermarkten, ohne dabei direkt auf die vielen technischen Funktionen einzugehen. Besprechen Sie doch mit Ihrer Marketingabteilung einmal, wie eine Produktgeschichte für Ihre Zielgruppe aussehen könnte.

26. Marketing kommuniziert für echte Kunden

50% der Befragten in meiner Umfrage finden die Marketing-Kommunikation überzeugend und verständlich. Das sind jedoch auch 50%, die nicht mit den Arbeitsergebnissen zufrieden sind. Da frage ich Sie nun, wer ist für die Marketing-Kommunikation zuständig? Wer liefert dem Marketingverantwortlichen die wichtigen Informationen über Persona, deren Bedürfnisse und welche Probleme das neue Produkt für den Kunden löst?

Dazu eine kleine Geschichte:
Im Dezember 2015 wollte ich mir vor dem Urlaub eine digitale Kamera kaufen. Ich besuchte drei Geschäfte und denke, dass ich das schnell erledigt haben werde. Dann sehe ich Folgendes in den Produktbeschreibungen:

Lithium-Ionen-Akku EN-EL19, Netzadapter mit Akkuladefunktion EH-71P, USB-Kabel UC-E21, max. Blende. f/3.3-5.9

Ich befinde mich in einem böhmischen Dorf. Es gibt keine Beratung und auch keine Möglichkeit, die Kameras auszuprobieren. Keiner der drei Händler hat mein Geld erhalten.

Machen Sie es in Ihrer Marketing-Kommunikation besser und berücksichtigen Sie Informationsbedürfnisse, Problemlösung und Vorkenntnisse der Kunden, damit der Kunde das Produkt und seine Vorteile versteht. Ihr Ziel ist es, das Produkt zu verkaufen und nicht, technische Details in den Vordergrund zu stellen.

Eine sehr gelungene Werbung sah ich kürzlich in einer Printwerbung von Huawei:

„*Weil Sie in den Ferien viel vorhaben. Das Huawei P9 Plus - mit der Leica Dual-Kamera für kontrastreiche Ferienfotos. Holen Sie sich die „Leica to go": für Profifotos, ohne eine Kamera mitzuschleppen.*"

An dieser Werbung erkennen Sie, dass mit Kunden gesprochen wurde und folgende Probleme gelöst wurden:

- kontrastreiche Fotos in den Ferien
- Qualität wie beim Profi
- leichtes und kleines Format, das überall Platz hat

Es werden keine Features genannt, sondern genau informiert, was ich als Nicht-Profi verstehe und suche.

Die folgende Übung kostet Sie nur zwanzig Minuten und wird Ihnen neue Erkenntnisse bezüglich Ihrer Kommunikation geben. Nehmen Sie sich eine aktuelle Marketing-Kommunikation zur Hand und prüfen Sie diese auf eine kundenorientierte Vermarktung:

- Wahl der Sprache: technisch, Stories, Power-Wörter
- Vorkenntnisse: Laie, Profi
- Anwendungshäufigkeit: selten, gelegentlich, oft
- Probleme der Kunden in der Anwendung
- Erwartungen an Informationsbedarf

Verstehen Sie sofort, welchen Nutzen und Mehrwert das Produkt für den Kunden bringt? Nein? Dann können Sie besser nachvollziehen, wie schwierig es für einen Verkäufer ist, auf diese Art beworbene Produkte zu verkaufen.

27. EIN FRAMEWORK ZUR PRODUKTEINFÜHRUNG

Von Eduardo Lopes

Wer investiert, verspricht sich Rendite. Dies gilt im Privat- wie auch im Geschäftsleben. Unternehmen investieren in die Entwicklung von neuen Produkten, welche sich idealerweise erfolgreich verkaufen lassen und somit höhere Rendite abwerfen, als wenn das Geld auf der Bank liegt oder anderweitig verwendet wird.

Ein Produkt jedoch, das den Marktbedürfnissen entspricht, ist nicht zwangsläufig erfolgreich, denn es muss durch eine sorgfältige Produkteinführung im Markt bekannt gemacht werden. Anhand von Studien wurde nachgewiesen, dass mangelhafte Produkteinführungen massgeblich zum Misserfolg von Produkten und – im schlimmsten Fall – von ganzen Unternehmen geführt haben. Eine sorgfältige Produkteinführung stimuliert die Kundenakzeptanz für das neue Produkt und unterstützt dessen rasche Etablierung im Markt und somit den gewünschten Investitionsrückfluss.

Obschon sich die Produkteinführungen je nach Branche, Unternehmen und Produkt unterscheiden, wird durch eine gute Planung, die richtige Qualität und eine fortlaufende Erfolgsmessung der Produktlebenszyklus von vorne herein positiv beeinflusst.

Tabelle 10: Übersicht der drei Elemente des Frameworks zur Produkteinführung

Planung	Qualität	Erfolgsmessung
Einführung Kommunikation Zielsetzung	Kommunikationskonzept Veranstaltungen Einführungsmaterialien	Tracker Ist-Soll-Messung

Planung der Produkteinführung

Parallel zur Produktentwicklung wird bereits ein Projektplan für die Produkteinführung ausgearbeitet. Hierzu gehören die Planung der Meilensteine, das Kommunikationskonzept, die Definition der Marketingziele, die Mitarbeiterplanung und alle Aktivitäten zur Eventplanung z.B. Teaser, Emails, Newsletter, Videos, Kundenevents. Die fortlaufende Einbindung der Stakeholder bildet dabei die Grundlage für die erforderliche Unterstützung im Unternehmen und somit für den Produkterfolg. Der Produkteinführungsplan dient den verschiedenen Stakeholdern als Referenz für deren Aufgabenplanung. Er schafft zusätzlich Transparenz und Verständnis für die Aktivitäten. Ein einmal ausgearbeiteter

Produkteinführungsplan kann zudem als Vorlage für weitere Produkteinführungen verwendet werden. Dadurch reduziert sich der Aufwand für weitere Markteinführungen.

Die Produkteinführung ist wie ein eigenes Projekt. Daher dient die Produkteinführungsplanung zur Kommunikation, Ressourcen- und Terminplanung. Letztere helfen wiederum, die Hektik während des Endspurts vor dem Produkteinführungstag zu reduzieren.

Qualität der Produkteinführung

Eine Produkteinführung ist qualitativ hochwertig, wenn die erforderlichen Informationen einfach vermittelt werden. Der Aufwand, um die Informationen kundengerecht zu erstellen, rechnet sich aufgrund von erhöhter Beratungskompetenz, weniger Rückfragen und zufriedeneren Kunden. Diese Effekte werden durch ein entsprechendes Kommunikationskonzept, kundenorientierte Produkteinführungsveranstaltungen und die frühzeitige Bereitstellung der erforderlichen Unterlagen sichergestellt.

Um ein neues Produkt erfolgreich am Markt bekannt zu machen, sind sowohl interne als auch externe Aktivitäten erforderlich. Diese werden in einem Kommunikationskonzept zusammengefasst:

- Aktivitäten und Verantwortlichkeiten
- Dauer der Einführungsaktivitäten
- Startpunkt der Einführung
- Kommunikationsmittel wie Flyer, White Papers, Email-Marketing, Verkaufsunterlagen
- Kommunikationsorte, z.B. wie Messen, Fachzeitschriften, Homepage
- Referenzen
- Schulungen und Schulungsunterlagen
- Planung des Supports
- PR

In einer Produkteinführungsveranstaltung wird das neue Produkt zum ersten Mal einem breiteren Publikum vorgeführt. Idealerweise erfolgt dies zuerst innerhalb des Unternehmens bevor die Innovation dem Markt präsentiert wird, so dass ggf. noch Korrekturen in der Präsentation vorgenommen werden können. Für sämtliche Veranstaltungen um die Produkteinführung gilt, dass sie das Produkt in den Fokus stellt und ausreichend Zeit einplant, in der sich der Teilnehmer mit dem neuen Produkt auseinanderzusetzen kann. Die Veranstaltungen sollen überdies neben der Wissensvermittlung auch Spass machen, denn positive Eindrücke bleiben in Erinnerung. Die Wahl eines speziellen Veranstaltungsortes, einer abwechslungsreichen Agenda, eines beeindruckenden Rahmenprogrammes oder Gastredners wirken sich positiv auf die Einführung aus. Prinzipiell gilt: „Face to Face makes the race." Die physische Teilnahme an Veranstaltungen ist zwar ressourcenintensiver, aber auch nachhaltiger, da der potentielle Kunde das Produkt vollumfänglich erleben darf und sich förderliche Diskussionen um das Produkt ergeben.

Die interne Produktpräsentation stellt sicher, dass das neue Wissen in der Organisation vorhanden ist, um von der Beratung bis zum Support den Vertrieb eines Produktes optimal zu unterstützen. Es ist vorteilhaft, Mitarbeiter aus Verkaufsinnen- und Aussendienst, Marketing, Produktmanagement und Support in die Produkteinführung einzubinden. Dies fördert die Akzeptanz des neuen Wissens und wirkt sich positiv auf den Verkauf aus. Etablierte Verkaufsmitarbeiter präsentieren dabei wirksamer als unbekannte Verkäufer.
Zusätzlich haben sich Hands-On-Schulungen, Workshops zur Produktpositionierung, Case-Studies und Quiz bewährt. Damit wird die Veranstaltung lebhafter und das neue wird dauerhaft in den Köpfen verankert.

Firmen, die bei den internen Schulungen sparen, erleben im Nachhinein fehlende Produktidentifikation und Beratungskompetenz sowie mangelhaften Support.

Das effektive Präsentieren des Produktes an externe Stakeholder kann durch eine Pressekonferenz oder bei Messeauftritten umgesetzt werden. Sinnvoll ist es hier, viele potentielle Kunden zu erreichen. Das frühzeitige Bemühen um Kunden für die Teilnahme an Präsentationen ist daher grundlegend. Stakeholder verfügen oft über volle Terminkalender und müssen frühzeitig planen können. „Lieber Klotzen als Kleckern" sagt der Volksmund. „Tue Gutes und rede darüber" - mit den potentiellen Kunden und an den Orten, an denen sich die Kunden tatsächlich aufhalten. Einem Unternehmen muss es gelingen, dass die Teilnehmer anschliessend über das neue Produkt sprechen.

Um die Produkteinführung zu unterstützen, ist eine gute Dokumentation hilfreich. Hierzu gehören z.B.:

- Präsentationen
- Datenblätter
- Preislisten
- Mitbewerbervergleiche
- Broschüren
- Muster
- Produktfilme
- Bilder

Die erforderlichen Unterlagen sind auf die Verkäufer, den Support und die Käufer zugeschnitten, so dass jeder die Informationen erhält, die er benötigt.

Erfolgsmessung der Produkteinführung

Jede Produkteinführung kostet Geld für die Erstellung der Materialien und für die Einführungsevents. Damit Sie frühzeitig Abweichungen vom Vertriebsplan erkennen, ist die Messung der Produkteinführung zur Steuerung des Erfolges wichtig. Diese Kennzahlen haben Sie frühzeitig mit den verschiedenen Stakeholdern aus Verkauf, Applikation, Customer Service und Marketing festgelegt.

Als Messgrössen werden oft nur der Umsatz, die Marge oder Verkaufsmengen herangezogen. Diese Kennzahlen zeigen jedoch Vergangenheitsdaten und es kann erst reagiert werden, wenn bereits eine Abweichung besteht. Durch das Setzen von aktivitätsbezogenen Zielen kann der Erfolg der Produkteinführung vorab beeinflusst werden, wie z.B. durch die Definition von Grenzwerten für die Anzahl von

- Offerten
- Produktvorführungen
- Vertragsabschlüsse pro Kundenbesuch
- Anfrage von Interessenten
- Messeauftritte
- Leads

Für jede Kennzahl werden Grenzwerte benötigt, die bei Unter- oder Überschreitung zu vorher definierten Massnahmen führen. Diese Kennzahlen haben üblicherweise Verkaufs- und Produktverantwortliche als einen sogenannten „Tracker", z.B. Dashboard, CRM und Excel Sheets zur Verfügung.

Fazit

Die Produkteinführung ist genauso bedeutend wie die Produktentwicklung selber. Sie muss frühzeitig und umfassend geplant werden, um die Stakeholder zu involvieren. Durch die frühzeitige Information erreichen Sie die gesetzten Marketing- und Verkaufsziele leichter. Denken Sie daran: „Plappern gehört zum Handwerk". Mit einer gut geplanten Produkteinführung ist es wahrscheinlicher, dass ein Produkt erfolgreich verkauft wird.

28. Marketing für Generation Y

Im Kapital 15 haben Sie erfahren, dass die Generation Y anders geführt werden will, da sie anders tickt. Dieser Generation müssen womöglich andere Botschaften vermittelt oder neue Services angeboten werden. In der Studie von Technomar „Auswirkungen der Generation Y auf die deutschen Unternehmen" wurde festgestellt, dass 28% der Unternehmen einen starken Umsatzrückgang bei der Generation Y feststellen 19% bis 53% Umsatzeinbussen bedeuten, dass sowohl im B2B als auch im B2C neue Massnahmen in der Marketing-Kommunikation erforderlich sind.

Nehmen wir an, dass Ihr Produkt die Kundenbedürfnisse erfüllt, dann finden Sie in diesem Kapitel Ansätze, mit denen Sie die Generation Y im Verkauf besser erreichen:

- Flexible Abonnements
- Interaktion in den sozialen Medien, wie Kommentare, Tests, Wettbewerbe
- Schnell verfügbare Informationen und Bilder zum Teilen
- Konstante und transparente Kommunikation über das Unternehmen
- Empfehlungsmarketing für das persönliche Netzwerk
- Exklusive Informationen via sneak previews und Videos über Neuprodukte
- Werbung via Smartphones
- Verschiedene Zahlfunktionen via Smartphone, Bankkarten und anderen Möglichkeiten

Wenn Sie bereits Umsatzeinbrüche bei dieser Zielgruppe verzeichnen, dann lohnt es sich, mit der Generation Y Interviews zu führen. Finden Sie heraus, was Sie in der Produktgestaltung, in der Marketing-Kommunikation oder im Vertrieb besser machen können.

Ich hoffe, dass Sie für Ihr Produkt neue Verkaufspotentiale finden und freue mich über Ihr Feedback.

Literatur- und Quellenverzeichnis

Steven Haines „MANAGING PRODUCT MANAGEMENT", MC Graw Hill, 2012

Herbert Lippmann, Annette Orth "Mit Produktmanagement Marktchancen nutzen", Verlag Wissenschaft & Praxis, 2008, 9. Auflage

Friedrich Glasl, „Konfliktmanagement. Ein Handbuch für Führungskräfte, Beraterinnen und Berater", 10. überarbeitete Auflage, Bern/Stuttgart, 2011

Frank Lemser, Handout „Technisches Produktmanagement", 2016, Zertifizierte Ausbildung nach dem Open Produktmanagement Workflow™:
www.proproduktmanagement.de

Ulrike Laubner, „Fitness-Training für Produktmanager", Bod-Verlag, 2014, 2. Auflage

Alexander Markowetz, „Digitaler Burnout", Droemer Knaur, Oktober 2015

Kristian Kunert und Markus Knill, „Team und Kommunikation", Sauerländer Verlags AG, Auflag 2, 2000

Andreas Ebneter: „Erfolgreich in der ersten Chefposition" Erschienen im PRAXIUM-Verlag, Zürich, 2007

Rahn, Horst-Joachim, „Erfolgreiche Teamführung", Windmühle Verlag, Hamburg, 2010

Martin Blatter, Fabia Hartwagner, „Digitale Lehr- und Lernbegleiter", 1. Auflage 2015, hep verlag ag, Bern

Roman Diehl, „Klischées über die Generation Y gehen an der Realität vorbei", ConsultingCumLaude, 2014

R. Wagner, M. Wittmann, S. Ries, „Vorsicht vor Stereotypen- Was die Generation Y motiviert", „Wirtschaftspsychologie aktuell", Ausgabe 3/2012

Andreas Varesi, „Studie zu Auswirkungen der Generation Y auf die deutschen Unternehmer", Technomar GmbH, Juni 2013

N.F. Taylor, „Marketing to Millenials: How to capture GenY Consumers", „Business News Daily ", 15.6.2014

Carl R. Rogers, „Der neue Mensch", Klett-Cotta, 10. Auflage, 2015

Eduardo Lopes, "Reach the market! Analyse des globalen Produkte-Launch Ansatzes von SealedAir, Diversey Care für Bodenreinigungsmaschinen", Diplomarbeit 2014

Dr. T. Mandel, Dr. R. Fuchs, M. Rauch, L Commolli, C. Forestier, D. Wallmer „Swiss Product Management 2013/2014: Von den Besten lernen", Zürcher Hochschule für angewandte Wissenschaften, 2014

Planview® INC., Vierte Benchmark-Studie zum Produktportfolio-Management, „Der Zustand der Produktentwicklung in 2013", 2013

Actinium Consulting, „Fachbereichsverantwortliche vertrauen zunehmend den Analysen der BI-Systemen", März 2013

Marike Frick „Tanz mit mir", „Die Zeit ", 25. Oktober 2012

Mobility Coach, Lifelong Learning Programm, „Theorie der non-verbalen Kommunikation", DE/12/LLp-LdV/TOI/147 151

Prof. Dr. Dietmar Kremmel, „Wirksames Produktmanagement als Schlüssel zum Erfolg", „KMU-Magazin", Nummer 1, Februar 2008

Mathias Pöhm, „VIP Rhetorik exklusiv", Handout, 2014

C.A. Di Bendetto, „Identifying the Key Success Factors in New Product Launch", Prod. Innovation Management", 1999, S. 530-544

J.P. Guiltian, „Launch Strategy, Launch Tactics, and Demand Outcome", „Journal of Product Innovation Management", Ausgabe 16, November 1999, S. 502-529

E. Hultink, A. Griffin, S. Hart, H.S. Robben, „Identifying the Key Success Factors in New Product Launch performance", Prod Innov Management, 1997, S. 243-257

Y. Lee, G. Colarelli O'Conner, „New Product Launch Strategy for Network Effects Products", „Journal of the Academy of Marketing Science", Ausgabe 31, 2003, S. 241-255

R. Lombriser, P.A. Abplanalp, „Strategisches Management", Versus Verlag AG, Zürich, 2010

K. Pauwels, J. Silva-Risso, S. Srinivasan, D.M. Hanssens, D. M., „New Products, Sales Promotions and Firm Value: The case of the automobile industry", „Journal of Marketing", October 2014, S. 142-156.

Schneider & Associates, "New product launch report", Boston, http://www.schneiderpr.com, 2015